Se guérir grâce
à ses images intérieures

OUVRAGES PRÉCÉDENTS DE MARIE LISE LABONTÉ

Au cœur de notre corps. Se libérer de nos cuirasses, éditions de l'Homme, 2000.

Se guérir autrement, c'est possible. Comment j'ai vaincu la maladie, éditions de l'Homme, 2001.

Mouvements d'éveil corporel : naître à son corps, éditions de l'Homme, 2001, 2004.

Déclic : transformer la douleur qui détruit en douleur qui guérit, éditions de l'Homme, 2004.

Se guérir grâce à ses images intérieures
Informations auteurs

Pour toutes informations concernant les activités de Marie Lise Labonté et la méthode « Images de transformation IT© », veuillez consulter le site web, www.marieliselabonte.com

Productions Marie Lise Labonté Inc.
Casier postal 1487, succursales Desjardins
Montréal (Québec) Canada H5B1H3
Correspondance courriel : info@marieliselabonte.com
Téléphone Europe : (33) 01 45 32 12 25 - 06 24 12 31 36

Pour les activités offertes par Nicolas Bornemisza, veuillez le contacter via son email, nicolasbornemisza@sympatico.ca

MARIE LISE LABONTÉ
et
NICOLAS BORNEMISZA

Se guérir grâce à ses images intérieures

LE GRAND LIVRE DU MOIS

Ouvrage présenté par Michel Odoul

Sommaire

Avant-propos

Il y a des années que je souhaite écrire un livre sur le pouvoir de guérison des images que l'on porte en nous, les images intérieures. Pour avoir connu les affres de la maladie et la joie d'une guérison, j'ai eu moi-même à vivre cette expérience de transformation des images destructrices (c'est-à-dire des impressions négatives intérieures) qui m'habitaient en images guérissantes. Ces images de destruction étaient à la fois l'expression d'une douleur intérieure que je portais depuis ma petite enfance, et dont j'ignorais la source, et celle d'une détresse physique et psychique due à la maladie incurable dont j'étais atteinte : l'arthrite rhumatoïde. Elles s'exprimaient sous forme visuelle, auditive ou kinesthésique.

J'ignorais à l'époque que j'avais un pouvoir sur ces impressions physiques et psychiques pénibles. J'ignorais que je pouvais les écouter au lieu de les combattre, les accueillir au lieu de les refuser. J'ignorais surtout que je pouvais agir sur elles : lorsque, enfin, je me suis ouverte à mon potentiel de guérison et j'ai osé rencontrer ma maladie et le monde intérieur qui l'entourait, ces images intérieures destructrices se sont transformées de manière bénéfique.

Le désir d'écrire ce livre, je l'ai éprouvé encore plus ardemment quand j'ai eu en main certains des ouvrages qui existent sur le marché à ce propos. Quelques-uns, bien connus du public, se présentent comme des manuels d'instruction sur l'usage de la visualisation créatrice ou l'imagerie de programmation positive : leur objet est d'éveiller la conscience des gens sur la capacité que nous avons tous d'explorer notre imagination et de nous en servir pour faire évoluer notre vie. Leur intention ne fait aucun doute : contribuer au mieux-être de l'humanité. Certains cependant limitent de manière réductrice la visualisation à de simples recettes, parfois « magiques ». Et mon expérience m'a amenée à constater que ce type de visualisation peut, en réalité, créer plus de stress que de bien-être et susciter – de la part de notre inconscient – une réaction de défense. En effet, lorsqu'un individu choisit le thème de sa visualisation, il le fait selon son désir et sa volonté consciente, sans vraie connaissance ni prise en compte de sa propre psyché : les effets sur les plans physique et émotionnel peuvent être dévastateurs et susciter des réactions contraires à celles qui étaient souhaitées.

C'est à force de rencontrer des personnes profondément déstabilisées psychologiquement par de telles visualisations, que j'ai ressenti la nécessité d'écrire un livre sur la profondeur des images intérieures et le sérieux encadrement qu'elles nécessitent. Il n'existe pas de recettes miracles pour guérir, ni pour changer des comportements destructeurs ou compulsifs. Lorsque nous utilisons le monde des images et des symboles pour dialoguer avec nous-mêmes, nous entrons alors en communication avec des dimensions profondes de notre psyché. Ce travail ne peut se faire superficiellement : il suppose antérieurement une découverte de soi et des parties de sa personnalité qui peuvent offrir une forte résistance à l'amour, à une meilleure santé ou au succès. J'ai rencontré dans ma pratique des personnes désabusées qui refusaient de tenter une nouvelle expérience de visualisation car elles ne croyaient plus aux bienfaits d'écouter les expressions de leur monde intérieur : mais elles s'étaient limitées au sens de la vue pour contempler leur monde intérieur, ignorant que tous les sens peuvent être utilisés pour dialoguer avec l'inconscient. Pourtant, de notre vie intra-utérine jusqu'à notre mort, nous sommes constamment en relation avec nous-mêmes et avec les autres par tous nos sens. Nous vivons dans une société où nous sommes même continuellement bombardés par des images non seulement visuelles (publicité, magazines), mais aussi auditives (musique, sons), kinesthésiques (sensations fortes, stimulations du corps), olfactives (odeurs, parfums), gustatives (saveurs, dégustations). Seulement, tout se fait rapidement et violemment : seule compte l'efficacité. Ce n'est que par une sur-stimulation de nos sens que cette société de consommation parvient à nous vendre bonheurs et plaisirs « bon marché », mais superficiels, au détriment de notre intimité avec notre monde intérieur. Car ce bombardement d'images rentre finalement en compétition avec les images intérieures qui tendent à émerger de notre inconscient pour soutenir notre vrai bien-être.

Maintenant que ce livre est devenu une réalité, je suis heureuse de vous le présenter. Il se veut un guide pour vous faire découvrir la richesse des images et des symboles qui font partie intégrante de nous, un outil de connaissance de l'écoute et du dialogue possible entre vous et votre inconscient. Il vous apprendra à comprendre et à apprivoiser les images qui nourrissent votre monde intérieur. Vous y trouverez des pistes pour écouter vos impressions refoulées, dialoguer avec elles, et s'il y a lieu les transformer. Son but est de vous permettre de récupérer le pouvoir de guérison qui gît dans votre monde intérieur. J'ai choisi d'écrire cet ouvrage avec mon ami Nicolas Bornemisza. Nicolas, en tant que spécialiste de l'école de Carl Gustave Jung, d'une part saura éclairer les concepts de base impliqués dans notre approche et d'autre part vous apportera l'expérience de sa propre pratique thérapeutique pour vous donner sa vision de l'importance des images intérieures. Nous avons créé ensemble une méthode unique d'intervention que nous avons intitulée « Images de transformation® ». Nous avons voulu en faire une voie naturelle de guérison qui permette le retour à la force de vie, à la force d'amour et à la force de créativité grâce au dialogue avec notre monde intérieur.

Je suis profondément heureuse de vous présenter cet ouvrage et je vous souhaite, cher lecteur, une rencontre fructueuse avec vos propres images.

MARIE LISE LABONTÉ

Introduction

« Toute vie humaine est souffrance » : telle est la première des quatre nobles vérités du Bouddha. Et cette vision dégradante de la condition humaine a peu évolué depuis vingt-cinq siècles. Malgré les découvertes révolutionnaires de la science, les maladies – anciennes et nouvelles –, les problèmes psychologiques et les addictions continuent à faire leurs ravages.

Face à cet état de fait, la pratique de la relation d'aide et le contact quotidien avec le malheur humain conduisent inévitablement à questionner le sens et la portée de cette souffrance. Aussi, quand, après de longues années de pratique, on finit par dégager quelques éléments de réponse, quelques nouvelles pistes, le désir de les partager s'impose dans l'espoir qu'ils pourront contribuer au mieux-être général.

C'est justement ce que propose le présent ouvrage à la personne qui souffre dans son corps ou dans son âme : une méthode d'auto-guérison ou d'auto-transformation. Il ne contient pas de recette occulte, il ne fait miroiter aucun procédé magique. Il se contente de rappeler le pouvoir décisif d'une méthode ancestrale qui a fait ses preuves depuis des millénaires et que l'on redécouvre aujourd'hui dans un cadre scientifique clair et rigoureux. En effet, les humains utilisent depuis l'aube des temps des images évocatrices pour se guérir, pour se transformer et pour évoluer : et aujourd'hui encore le recours à la puissance de l'image symbolique a la capacité d'opérer une transformation positive chez la personne faisant face à une crise existentielle.

La démarche que nous présentons ici, « Images de transformation », conjugue deux méthodes personnelles inspirées toutes deux aussi bien de l'héritage ancestral que de ses applications modernes reconnues : la « libération des images intérieures », de Marie Lise Labonté, et le « Yoga psychologique » que j'ai créé. Ces deux méthodes ont déjà un quart de siècle : elles ont été pleinement explorées, largement appréciées, et elles ont démontré une indéniable efficacité.

La spécificité de la méthode « Images de transformation » est de faire appel à un monde intérieur encore très peu connu : l'Inconscient. Il s'agit d'établir le contact avec ce monde, de nouer alliance avec lui et d'apprendre à tirer profit de la sagesse ancestrale qu'il contient. L'Inconscient s'exprime principalement par l'image symbolique et ses messages peuvent faciliter le passage d'une vie « en crise » à une vie réussie, et c'est pourquoi nous avons baptisé cette méthode : « Images de transformation ». Dans les chapitres qui suivent, nous préciserons ses origines, ses contenus et ses nombreuses applications.

Mais avant, trois mises en garde s'imposent.

Premièrement, cette méthode, même si elle vise à aider la personne souffrante, ne relève pas de la pratique de la médecine officielle. Ni de près, ni de loin ! « Images de transformation » n'établit pas de diagnostic, ne prescrit pas de médicament, ne suggère pas de traitement… La démarche ne consiste qu'à transmettre à la personne intéressée l'information qui lui permettra de comprendre les messages de son monde intérieur et d'y découvrir ses pouvoirs naturels d'intervention peu ou pas connus. Pour certains, ce sera peut-être une question de survie ; pour d'autres, ce sera plutôt l'occasion d'atteindre une qualité de vie supérieure. L'objectif est de mettre en valeur cette potentialité transformatrice, valable tant sur le plan individuel que sur le plan collectif. Par ailleurs, ne vivons-nous pas à une époque où l'Organisation mondiale de la santé admet que la médecine officielle ne peut guérir toutes les populations ? L'OMS ne fait-elle pas elle-même appel aux méthodes traditionnelles naturelles en accordant des budgets pour leur redécouverte, leur mise en pratique et leur accessibilité[1] ? La méthode « Images de transformation » s'inscrit dans le cadre de ce renouveau proposé par l'OMS.

La seconde mise en garde concerne l'utilisation omniprésente dans notre livre de concepts appartenant à la psychologie de C.G. Jung. Il est à préciser que notre démarche ne vise aucunement la pratique de la psychanalyse. En revanche, la réalité de l'Inconscient tel que le définit Jung fait partie intégrante de notre méthode nouvelle. Pour cette raison, la troisième partie du présent ouvrage traite presque exclusivement de l'inconscient jungien. Il ne s'agit pas d'une présentation exhaustive : ce sont juste les informations à connaître pour comprendre notre méthode. Mais de cette connaissance, nous faisons un usage qui ne fait pas partie de l'analyse ou de la psychothérapie jungiennes[2].

Il est vrai, par ailleurs, que les prodigieuses découvertes et propositions de Jung permettent une compréhension de la psyché qui n'a jamais existé auparavant. Mieux que quiconque, il connaît la valeur de ces images sur l'efficacité desquelles s'appuie notre méthode. Voici ce qu'il dit lui-même des visualisations que nous pratiquons :

> « (...) ces données constituent des facteurs psychiques d'une indiscutable efficacité. Elles ne sont point des trouvailles chimériques et hypothétiques que j'aurais effectuées d'aventure, mais

1. *Québec-Science*, novembre 2002.
2. Voir les chapitres 1 à 9 de Marie Lise.

des éléments psychologiques précis qui obéissent à des lois psychologiques immuables, qui témoignent de causes et d'effets qui s'enchaînent, et c'est pourquoi nous pouvons les retrouver chez les races et les peuples les plus divers, aujourd'hui comme il y a des millénaires[3]. »

La troisième mise en garde concerne la dimension « spirituelle » de notre démarche. Ce terme est chargé aujourd'hui de connotations diverses, parfois péjoratives. Nous ne pouvons cependant l'éviter car nous faisons appel à la réalité de l'Inconscient qui représente justement la dimension transcendantale de l'âme humaine, celle qu'on appelle communément Dieu. Le pratiquant qui s'initie aux « Images de transformation » s'inscrit donc dans une démarche spirituelle individuelle sans être aucunement relié à une organisation ou à une secte quelconque. Jung lui-même a été accusé par bien des gens de vouloir fonder une nouvelle religion. Voici un extrait de la réponse qu'il leur a donnée :

> « Cela semble être de la religion, mais ce ne l'est pas. Je parle en tant que philosophe. Les gens m'appellent parfois un chef religieux. Je ne le suis pas. Je n'ai pas de message, pas de mission ; j'essaie seulement de comprendre. Si nous sommes des philosophes dans le sens ancien du mot, nous sommes des amoureux de la sagesse. Cela évite la compagnie parfois contestable de ceux qui offrent une religion… Donc soyez humain, cherchez la compréhension, cherchez le discernement, et créez votre hypothèse, votre philosophie de la vie[4]. »

Ce que dit Jung, c'est que l'âme – l'Inconscient reconnu – nous fournit un nouveau paradigme qui nous permet d'accé-

---

3. Carl Gustav Jung, *Dialectique du Moi et de l'inconscient*, Gallimard, 1986, p. 223.

4. *Cahier de l'Herne*, « Carl Gustav Jung », chapitre « La psychologie analytique est-elle une religion ? ».

der, depuis la première noble vérité du Bouddha, « Toute vie humaine est souffrance », à la deuxième : « Il est possible de se libérer de la souffrance. » Cette éventualité devient accessible aux humains modernes capables de s'ouvrir à la réalité de leur monde intérieur.

> « Aider les êtres à s'y retrouver dans leur âme n'est pas seulement une révolution humaine et médicale. C'est l'aventure qu'à travers toutes les autres l'être cherche depuis toujours[5]. »

Ces propos du docteur Roland Cahen résument sans équivoque la motivation qui nous inspire, Marie Lise et moi-même : partager avec vous notre expérience des « Images de transformation ».

NICOLAS BORNEMISZA

5. Carl Gustav Jung, *op. cit.*, préface à l'édition française, p. 14.

Première partie

Les images ne mentent pas

1
Histoire d'une guérison

« La majorité des gens croit que nous recherchons tous un sens à notre vie. Je ne crois pas que c'est ce que nous cherchons. Je crois que ce que nous cherchons est l'expérience d'être vivant, de manière à ce que nos expériences de vie sur le plan purement physique soient en résonance avec notre réalité la plus profonde et intime, pour que nous puissions vraiment ressentir l'extase d'être vivant. »

Joseph Campbell[1]

Les images intérieures, complices de la maladie

Il existe en nous un monde intérieur d'une grande richesse. L'explorer fait partie des chemins les moins fréquentés par notre société, notre famille ou par nous-même. Vivent cependant encore sur terre des peuples dits primitifs qui, après s'être

1. Joseph Campbell, Bill Moyers, *Puissance du mythe*, J'ai lu, 1991.

occupés de la satisfaction de leurs besoins fondamentaux, consacrent leur quotidien à l'écoute de leur intériorité. Ils explorent ainsi leurs rêves, leurs visions et leurs oracles. Ils écoutent leurs anciens. Ces peuples sont en voie de disparition sur notre planète. Cela pose question : serait-il possible qu'être à l'écoute de son monde intérieur, tout en vivant son quotidien, devienne une attitude de plus en plus rare ? J'ai bel et bien peur que oui.

Si vous êtes né en Amérique du Nord ou en Europe, vous avez probablement vécu les mêmes conditionnements familiaux que ceux que j'ai connus : faire comme si tout allait bien, être heureux à tout prix, être en bonne santé, « réussir » et être productif. En résumé : correspondre aux critères collectifs qui pèsent sur nous, se marier ou du moins vivre avec un partenaire, avoir des enfants, soutenir leur succès, ne pas vieillir… et quoi encore ?

Qu'arrive-t-il si, à 21 ans, vous tombez malade et êtes diagnostiqué(e) « incurable » ? Qu'arrive-t-il si, à 21 ans, vous ne faites soudain pour cette raison plus partie des « autres », de ceux qui ont tout : santé, succès, jambes qui les soutiennent, beauté, non-souffrance, souplesse, bonheur, mari, épouse et même enfant ? Vous ne pouvez plus marcher comme eux, vous ne pouvez plus aller vite, vous ne pouvez plus danser, vous ne pouvez plus faire l'amour, vous avez besoin d'une chaise roulante… Que vous reste-t-il lorsque vous ne pouvez plus utiliser le chemin le plus fréquenté ? Le suicide ? Les drogues ? La religion ? Ou la rencontre avec soi-même ?

Après être restée pendant quatre années de souffrance à cette croisée des chemins, j'ai choisi de me rencontrer pour me retrouver. C'est ainsi que j'ai découvert mon monde intérieur et que les images qui l'habitent se sont manifestées à moi.

Les images de destruction

Une maladie dite physique ne vient jamais seule. Elle s'environne souvent d'un univers psychique d'autodestruction qui – petit à petit – est somatisé par le corps. En 1976, alors que je souffrais depuis quatre ans d'une maladie incurable, l'arthrite rhumatoïde, j'ai choisi d'emprunter une voie de libération qui a d'abord été celle de mon corps : je relate mon parcours sur ce chemin très peu fréquenté dans *Se guérir autrement, c'est possible*[2]. Esclave de ma maladie, je me nourrissais quotidiennement de scénarios d'horreur qui ne faisaient qu'augmenter la puissance de mon mal et affaiblir mon système immunitaire. Je me souviens de m'être réveillée tous les matins, non seulement avec cette douleur paralysante logée dans mes articulations, mais aussi avec une lourdeur émotionnelle au niveau du plexus qui m'enlevait le goût de vivre, le goût de tout. Si je restais étendue quelques minutes pour contempler mon monde intérieur et questionner ce qui se présentait à moi, j'étais rapidement envahie d'images visuelles où je me voyais encore plus malade que je ne l'étais en réalité.

Dans ces images visuelles qui correspondaient à des scènes de la réalité dont j'étais l'actrice principale, venaient s'ajouter des personnages de ma vie quotidienne qui prenaient envers moi une attitude dépréciative. J'entendais des voix intérieures insistantes : « Tu n'es bonne à rien », « Tu ne mérites pas de vivre », « Tu es nulle », « Tu n'es pas intelligente », « Tu es laide »... De tels messages visuels et auditifs qui venaient m'envahir dès mon réveil m'invitaient à m'apitoyer sur mon sort. J'en tirai un plus grand sentiment d'impuissance face à ma vie, ma souffrance et ma maladie. Après une nuit en grande partie passée à pleurer, alors que je tentais de me lever et de

2. Marie Lise Labonté, *Se guérir autrement, c'est possible*, éditions de l'Homme, 2001.

déplier mon corps de ses raideurs arthritiques paralysantes, ces messages apparaissaient juste à la périphérie de mon univers conscient. Ainsi, si je devais me lever rapidement, je ne ressentais que les douleurs physiques, mais cet état émotionnel resté collé à mon plexus se manifestait par une envie folle de pleurer sur ma vie et une faiblesse dont j'ignorais la source. Les activités quotidiennes m'éloignaient de ce monde intérieur. Je vivais donc ma journée imprégnée de cette impuissance et de ce désespoir sans reconnaître ce qui les nourrissait. Si par contre je pouvais prolonger le temps de mon réveil, je communiquais directement avec ces visions internes destructrices et l'univers dantesque du monde intérieur de Marie Lise.

À cette époque, j'ignorais que je nourrissais, dans cette sphère à la limite du conscient, dans cet espace « préconscient », un mécanisme interne d'autodestruction qui alimentait ma maladie arthritique. Je l'ignorais parce que j'étais coupée de moi-même. Je fonctionnais en superficialité de mon être. Je vivais telle une étrangère dans ma propre maison. C'est plus tard que j'ai reconnu que ces images de destruction faisaient partie intégrante de mon arthrite émotionnelle et mentale.

Les scénarios exutoires

Comme ma maladie s'aggravait, dans la phase la plus active de mon mal, je me surprenais à me nourrir de scénarios d'horreur où je me voyais amputée de la jambe qui me faisait le plus souffrir. Lorsque je souffrais physiquement, étendue ou marchant avec ma canne, en même temps que je visualisais l'amputation, je voyais disparaître la souffrance. Ces images visuelles et kinesthésiques, tels des flashs sensoriels, n'étaient pas de la même nature que celles qui m'attendaient le matin au réveil : elles étaient moins chargées d'émotions et servaient davantage de soupape à ma souffrance. Même si elles me délivraient des images d'horreur, elles m'apportaient un certain soulagement. Pendant quelques secondes, je sentais alors que je contrôlais le mal. Ces messages étaient accompagnés d'images auditives, de voix intérieures qui me disaient : « Et si je m'arrachais la jambe pour ne plus jamais souffrir ? » D'autres scénarios porteurs d'énergie de destruction, des déroulements d'images à thème, agissaient aussi comme un exutoire à ma souffrance. Celui de l'amputation se manifestait spontanément et systématiquement à mon conscient dès que je tentais de reposer mes articulations endolories : il représentait la seule solution – créée de toutes pièces par mon imagination – pour alléger ma souffrance.

À l'époque, j'étais suivie en psychothérapie par un psychiatre, mais jamais il n'avait exploré le monde de mes images intérieures. Or ce scénario était riche en informations : il était notamment révélateur des croyances que j'entretenais face à ma maladie, par exemple celle que ma maladie était logée là où j'avais mal, conviction qui me faisait « croire » que l'arthrite ne disparaîtrait que si on m'opérait le genou ou la hanche en question. Naïvement, je pensais que la maladie était installée à l'endroit où elle agissait. En réalité, je l'ai reconnu plus tard, elle s'étendait partout dans mon corps, dans mon sang, dans mon système immunitaire et dans ma psyché. Mon psychiatre n'a jamais reconnu l'importance de ces messages véhiculés par mes images intérieures. Moi non plus. Du moins, pas à ce moment-là. Elles démontraient pourtant mon ignorance face à la maladie qui m'habitait.

Les programmations malheureuses

Puis j'ai connu des images visuelles et auditives qui remplissaient une fonction de programmation morbide. Sachant que je me dirigeais vers des interventions chirurgicales, je visualisais l'opération avec des conséquences dramatiques, où je mourais sur la table d'opération. Ainsi ces images nourrissaient la vision d'un futur de maladie et de mort. Elles étaient chargées d'un état de ressentiment. J'en voulais à la terre entière, mais surtout à mes parents. Je me positionnais comme la plus grande victime que la terre ait rencontrée : malade en fauteuil roulant, souffrante, mourante. Ces images visuelles et auditives nourrissaient un comportement intérieur d'attachement à la maladie pour faire souffrir ceux qui étaient supposés m'avoir blessée. Elles remplissaient une fonction de vengeance douce à la partie en moi qui se sentait victime de cette maladie et des autres. Elles agissaient comme un baume, toutefois venimeux, car il ne faisait qu'accentuer ma maladie, ma détresse et mon isolement.

Rappelons que ces visualisations n'ont jamais fait l'objet d'investigation de mon thérapeute. Avec l'aide d'un intervenant aguerri, j'aurais bénéficié de reconnaître ces images de malheur, ce qu'elles cachaient comme besoin de vengeance, de reconnaissance, d'attention, et surtout de désir de communication avec mes parents, de communication non violente. Alors qu'au contraire, la communication avec les autres et avec mon corps augmentait en violence, violence que je dirigeais à la fois contre moi-même et contre les autres.

Les visions de la maladie

Les conséquences dramatiques que j'avais visualisées avec ardeur se sont bel et bien manifestées. Comme je l'escomptais, j'ai rencontré de graves complications. J'ai failli mourir sous l'effet de l'anesthésie. Les résultats étaient tout à fait fidèles à ce que j'avais programmé pour me venger de mes parents que j'accusais de me rendre malade : j'ai vu ceux-ci souffrir à mon chevet. Je me suis retrouvée atteinte et surtout limitée. Mon univers psychique se rétrécissait, mes forces diminuaient, je m'isolais de plus en plus dans ma souffrance et mon ressentiment. Jusqu'au jour où j'ai eu une vision, que j'ai nommé « la vision de la vieille femme » :

« Je me vois à 40 ans, mais j'ai l'allure d'une femme qui en a 75. Je suis en chaise roulante. Je suis enflée par la cortisone, très faible. Je ne bouge pas. Puis, soudain, j'ai 47 ans. Je suis étendue dans un lit, incapable de bouger, pétrifiée par l'arthrite, sur le point de mourir. Je souffre, je suis triste, desséchée par la maladie, la médication et le ressentiment. Je suis amère. Ma vie est terminée, je le sais, et je n'ai pas accompli ce que j'aurais pu accomplir. Je suis restée prostrée sur moi-même et ma souffrance. C'est bientôt la fin. Je le sais. J'en veux à tout le monde et c'est ainsi que je vais finir ma vie. »

Cette vision a agi comme un réel déclic. En l'analysant, j'ai compris que j'étais inconsciemment à la source même de mon mal. Non seulement le mal me nourrissait, mais je le nourrissais. Ce fut le déclencheur, le début de mon processus d'autoguérison.

Les images intérieures, compagnes de la guérison

Les images de guérison

Pour me guérir, je me suis rapprochée de mon corps en souffrance. Je l'ai rencontré trois fois par jour dans des séances que je vivais seule, étendue sur le sol. Je me guidais dans une exploration des différentes régions de mon corps : le bassin, les hanches, les épaules, le tronc, ensuite les genoux, les bras et les mains. Ces « mouvements d'éveil corporel » font maintenant partie intégrante de ma méthode, la libération des cuirasses[3]. En guidant mon corps vers un chemin de bien-être, j'ai observé que – tout naturellement – mes sens s'épuraient. Un voile se levait sur ma vue affaiblie, mes oreilles entendaient mieux, mon corps vibrait à une énergie autre que la douleur. Il vibrait maintenant au rythme d'un bien-être. J'avais l'impression de m'éveiller d'un long sommeil, d'un coma de souffrance et d'enfermement.

Je nourrissais mon corps de ces mouvements d'éveil. Au fur et à mesure qu'il se déliait, les souvenirs visuels d'enfermement se libéraient, les voix intérieures d'autodestruction cédaient la place à des voix de reconstruction. Cette rencontre avec mon monde intérieur se vivait naturellement en empruntant la voie du bien-être. Je devenais consciente de la force des impressions négatives que j'avais reçues et véhiculées. Je devenais consciente que j'avais été impressionnée à mon insu.

Grâce à cette nouvelle rencontre avec mon corps, des expressions de mon inconscient, sous la forme de souvenirs d'enfance, se libéraient comme les scènes d'un film en trois dimensions et en couleurs. J'entendais la voix de ma mère, j'éprouvais l'absence de mon père, je ressentais la petite fille que j'avais été. Des pans entiers de mon histoire surgissaient de mes profondeurs, des souvenirs totalement occultés, oubliés, remisés dans le grenier de mon inconscient. Je comprenais ma maladie. Je saisissais au plus profond de moi ce qui avait nourri l'appauvrissement de mon système immunitaire. Dans ma chair, je vivais l'expérience de ce que j'avais rencontré dans le discours thérapeutique avec mon psychiatre.

---

3. La MLC®, « Méthode de libération des cuirasses » – libération par le mouvement –, est une approche psychocorporelle et énergétique qui s'inspire du processus d'autoguérison de Marie Lise Labonté et de plusieurs années de recherche et d'expérimentation en médecine psychosomatique et énergétique.

J'étais agréablement surprise. Car si ces souvenirs étaient quelquefois douloureux lors de leur libération, ils apportaient à mon corps physique un réel soulagement. Les tensions physiques se dissipaient, la souffrance émotionnelle s'allégeait, je respirais mieux, mes réveils matinaux étaient joyeux. Je retrouvais l'envie de vivre. Je devenais plus légère, plus souple, dans ma tête et dans mon corps. Merveilleuse nouvelle pour l'arthritique que j'avais été ! Je retrouvais une plus grande force de vie. Je me sentais moins affaiblie. Je ressentais au plus profond de moi que je participais activement à ma guérison et que la guérison se libérait en moi.

Je découvrais un nouveau monde intérieur très riche en informations que je n'avais jamais entendues lors de mes quatre années de psychothérapie. J'ai compris plus tard que la libération venait du fait que je bougeais la mémoire musculaire et cellulaire de mon corps, ce qui permettait à mon inconscient de dialoguer avec mon conscient. Enrichie de ces informations libératrices, ma personnalité changeait. Je reconnaissais que mon corps ne mentait pas car je prenais le temps de vérifier les souvenirs qui me revenaient : j'appelais ma mère pour lui raconter ce que je recevais comme informations et elle confirmait leur véracité.

Les images de transformation

Cette phase de guérison était accompagnée de rêves. La nuit, je recevais des informations très importantes de la part de mon inconscient, sous forme de songes où figuraient les membres de ma famille. Je comprenais mieux ma position en son sein, ce que j'avais subi, le rôle qu'elle m'avait confié à la naissance – d'être son « bâton de vieillesse », d'être celle qui s'occuperait d'elle jusqu'à sa mort – et que j'avais tenté d'accomplir jusqu'à m'en rendre malade. Le matin, j'écrivais mes rêves et je comprenais leur sens car tout y était d'une clarté désarmante. Grâce à ces messages nocturnes, mon inconscient me guidait vers telle ou telle manière d'agir. Et j'agissais. Je modifiais mon attitude à la lumière de cette nouvelle compréhension de la place que j'avais dans ma famille.

D'autres rêves me renseignaient sur ce qui m'avait blessée dans la relation avec ma mère, mon père et ma fratrie. Le premier symbole récurrent de ces rêves fut la maison (qui représente le corps, la psyché). Je me voyais dans une maison qui évoluait de mois en mois dans sa construction, qui s'éclairait, s'agrandissait ; je faisais le ménage d'anciens appartements où avait logé ma famille ; je retrouvais la maison de mon enfance. Puis j'ai commencé à rêver de dents et de cheveux (énergie vitale, libération du passé) : je changeais de dents, je coupais mes cheveux ; ma chevelure repoussait plus belle et plus abondante. Puis sont venus les symboles liés aux vêtements (la persona[4]) et d'autres exprimant la libération et la guérison du féminin et du masculin en moi : je me mariais avec un homme doux et bon qui comprenait ma guérison ; nous faisions l'amour dans une nouvelle maison (j'épousais mon animus[5] positif, mon couple intérieur se réunifiait). Par la suite, apparut dans mes rêves le symbole de l'automobile (véhicule d'évolution[6]) : je conduisais de nouvelles voitures, le chemin devant moi n'était pas très fréquenté, mais il était ouvert et facile d'accès.

Mes rêves démontraient, étape par étape, le processus de guérison intérieure et extérieure que je vivais. Ils étaient de réels phares sur le chemin de ma guérison, m'instruisant sur mon passé et sa libération et me guidant vers ce qui allait s'accomplir.

---

4. La persona est le masque que nous portons en société, le personnage social auquel nous risquons parfois de nous identifier. Voir chapitre 15.

5. L'animus est la dimension masculine de la femme, sa contre-partie intérieure qui se manifeste dans les rêves comme un homme. Voir chapitre 15.

6. Les véhicules que nous conduisons ou dont nous sommes passagers en rêve symbolisent souvent notre façon d'avancer dans la vie.

Les signes de jour

Ont suivi les signes de jour. En même temps que mon inconscient appuyait ma démarche de guérison par un échange intense la nuit, il me parlait le jour. Ma route était ponctuée de signes. Au quotidien, tout se passait beaucoup mieux et avec plus de facilité : je gagnais assez d'argent pour acheter un billet d'avion et me rendre à Paris suivre avec Mme Thérèse Bertherat des séances d'antigymnastique – que je vivais comme une réelle thérapie –, j'avais la chance de trouver un appartement à quelques rues du centre de soins... Je me sentais littéralement accompagnée par un mouvement de vie qui coulait de source ; là où se présentaient des obstacles, la difficulté se levait quasi magiquement ; là où j'avais des doutes, les confirmations et les preuves de ma guérison les faisaient sauter. J'accueillais ces signes de jour, et je remerciais la vie et l'univers. Tout me démontrait que j'étais sur la bonne voie même si je n'avais pas l'approbation de mes parents, de ma fratrie, de mes amies, ni de la société québécoise. Si cette voie alternative que j'empruntais était peu fréquentée, les signes qui la ponctuaient me démontraient que c'était la bonne voie. C'était la bonne pour moi.

Les visions guérissantes

Puis j'ai été exposée à des visions de guérison. À l'opposé des visions d'horreur « de la vieille femme », je recevais maintenant des visions de moi guérie. Il y en a eu plusieurs : celle de la « Déesse », celle de la « femme sauvage », puis celle de la « réalisation de soi », visions de plus grande envergure, plus douces d'information, plus raffinées. Je voyais mon corps guéri, je me voyais marchant sur une plage, avec un corps beau, en santé, respirant la vie, la sensualité, la détente et la féminité. Je me voyais heureuse, accomplissant ma vie professionnelle et personnelle.

Ces visions se présentaient sous forme visuelle d'abord et sous forme auditive par la suite, comme une voix profonde qui me rassurait sur mon processus de guérison. Elles venaient spontanément. Je ne faisais rien pour les construire consciemment. Au contraire, elles surgissaient de mon énergie des profondeurs, de mon énergie de guérison sans provocation aucune. Elles se présentaient lors de mon travail corporel où je me sentais bien vivante, ou encore elles venaient spontanément lorsque je marchais dans les rues de Paris. Soudainement, elles remplissaient mon espace psychique, je me permettais de m'y reposer et de les savourer. Je m'abstenais de les juger, de prononcer les mots « impensable, impossible, échec assuré ». Non. J'avais trop ouvertement accueilli les images d'horreur par le passé pour refuser celles-ci. Elles étaient là, telle une vibration guidant mes pas vers un avenir prometteur et sans maladie. Elles manifestaient la transformation des espaces d'emprisonnement contenus dans mon inconscient. Grâce à ces visions, mon corps se réalignait ; dans chacune, je me voyais physiquement équilibrée, le corps bien érigé, rempli d'énergie vitale. J'étais très centrée, calme et posée, en harmonie avec les autres et avec l'univers tout entier. Je me voyais aussi légèrement plus âgée que je ne l'étais à l'époque : je compris que ma guérison allait s'échelonner dans le temps.

Les images intuitives de guidance

Ces images de guidance m'ont accompagnée tout au long de ce processus. Elles me parvenaient sous une forme d'abord auditive : des voix intérieures, suivies de « flashs » visuels très courts. D'une manière systématique, elles m'encadraient, me guidaient vers les étapes futures de ma guérison. Elles allaient jusqu'à me suggérer de rencontrer telle personne ou de me renseigner sur telle question… L'énergie qui allait avec était suivie d'un sentiment kinesthésique et de frissons épidermiques, de sorte que je pouvais avancer avec certitude : « Je sais ». Ce « Je sais » ne venait pas de mon intellect, mais plutôt d'un ressenti indestructible : ces images intuitives étaient de réelles explosions de conscience. Ce « Je sais » se logeait physiquement dans mon sternum : lorsque je prononçais ces deux mots devant mes compagnons et compagnes de route, d'autres patients de Mme Bertherat ou des amis parisiens, je pointais toujours inconsciemment avec les doigts de ma main droite cette région proche de mon cœur. Encore aujourd'hui, ces informations intuitives qui provenaient de la profondeur de mon être sont inhérentes à ma vie ; dès que je ne suis plus à l'écoute de ma voix intérieure, elles disparaissent. C'est là un signe manifeste que je me suis encore une fois éloignée de mon être véritable.

C'est sous la forme d'images intuitives que j'ai entendu parler, pour la première fois, du Dr Simonton et de sa méthode[7] de visualisation de la guérison.

La confirmation du chemin moins fréquenté

Ma rencontre avec le Dr Simonton

Lorsque je suis rentrée à Montréal pour enseigner ce que j'avais reçu et vécu dans ce processus de transformation, les visions de guérison étaient encore fort présentes et continuaient à ponctuer mon parcours. Lors d'un échange avec des

7. Dr Carl Simonton, Stephanie Matthews Simonton, James Creighton, *Guérir envers et contre tout*, Desclée de Brouwer, 21e édition, 2002.

amis sur ce thème, on m'a parlé d'un médecin oncologue et de son épouse psychologue qui traitaient les maladies psychosomatiques (tels certains cas de cancers) par l'imagerie mentale. Après les avoir retrouvés lors d'un atelier à Los Angeles, je me suis présentée à une formation qu'ils offraient à des infirmières et psychothérapeutes en Californie et au Texas. J'ai alors découvert auprès du Dr Simonton et de son épouse Stephanie que le processus de libération des images de destruction que j'avais vécu était naturel. Ce fut une réelle confirmation : ce couple avait guidé ses patients dans la pratique de la visualisation et avait par la suite fait des recherches avec des statistiques à l'appui. Ils avaient réussi à prouver le bien-fondé de la visualisation de guérison. Ils avaient démontré scientifiquement ce que j'avais vécu empiriquement. Auprès d'eux, j'étais heureuse de comprendre un peu mieux ce dont j'étais une preuve vivante. Il y avait par contre des écarts entre la démarche qu'ils prônaient et ce que j'avais vécu.

Dans une première étape, leur méthode utilisait la relaxation pour entrer en état de réceptivité et aller volontairement à la rencontre des images intérieures visuelles, auditives, kinesthésiques… qui représentaient la maladie. Deuxièmement, lorsque ces images étaient trouvées, le patient les dessinait en couleurs et les analysait[8]. Dans une troisième étape, il était guidé dans leur transformation en images positives structurées qui permettaient d'assurer l'augmentation de ses défenses immunitaires et une réponse endocrinienne saine. Cette visualisation, ainsi structurée, était pratiquée trois fois par jour pour diriger le potentiel de guérison et stimuler les réponses naturelles du corps. Ces pratiques quotidiennes étaient accompagnées, en dernière étape, d'un régime de santé rigoureux pour augmenter le potentiel vital du patient (exercice physique, meilleure alimentation).

---

8. *Ibid.*

Je découvrais donc que, dans le parcours Simonton, le temps affecté à la rencontre des images de la maladie était très court, car, dans la plupart des cas, il y avait urgence. Pour une maladie comme le cancer, par exemple, une seule séance était consacrée à la réceptivité des images inconscientes. Par la suite, le patient, guidé par le thérapeute, construisait une image de guérison où il voyait son système immunitaire se renforcer et combattre le cancer. Il visualisait aussi la diminution des effets secondaires des traitements médicaux telles la chimiothérapie et la radiothérapie, ainsi que l'élimination des toxines et d'autres éléments nécessaires pour bâtir une programmation de guérison. Il était invité à recourir à tous ses sens (vue, ouïe, toucher, guérison, odorat) car le Dr Simonton avait prouvé que, plus les sens étaient exploités dans l'imagerie de guérison, plus les résultats positifs étaient assurés. D'autres facteurs chez le patient étaient – bien évidemment – pris en compte, notamment le soutien de sa famille, la transformation de ses environnements physique et affectif toxiques, ses croyances sur la maladie et sur la mort, son attachement à la souffrance et les bénéfices secondaires inhérents à sa maladie.

La divergence de nos méthodes

Lors de ma formation avec le Dr Simonton, je voyais l'importance qu'il accordait à la construction de l'imagerie programmée de guérison où le patient était amené à combattre son cancer, le radier de sa chair et le tuer. Mais le fait que le cancer soit perçu comme une présence négative, mauvaise, noire et sombre m'intriguait beaucoup. Toute une phase de la formation insistait sur l'esprit combatif que le patient se devait de développer – ce que je comprenais car certains des patients du Dr Simonton souffraient d'inhibition dans l'action (du non-désir de participer à leur guérison) ou d'impuissance et de désespoir : la visualisation d'un combat était donc importante pour eux-mêmes si elle présentait aussi de grandes difficultés.

Cet aspect volontaire et combatif de sa méthode me posait cependant problème, car, dans mon expérience, je n'avais jamais vu mon arthrite comme quelque chose de négatif à évacuer, comme un ennemi qui détruisait mon corps physique. Au contraire, j'avais découvert que ma maladie elle-même avait quelque chose à m'apprendre : elle m'instruisait, me communiquait une information majeure et, avant de la radier de ma chair, j'avais eu besoin de me mettre à son écoute. Je n'avais jamais travaillé sur mon arthrite pour la combattre : j'avais au contraire développé une conscience de douceur, d'amour et d'écoute face à mon corps et aux régions atteintes. Je n'avais pas agi directement sur la maladie, mais plutôt sur la naissance dans mon corps de l'énergie de guérison. J'avais laissé les images de destruction surgir naturellement lors des pratiques de mouvement psycho-corporel que je suivais quotidiennement. Je les avais contemplées sans les juger : elles se présentaient à ma conscience sur un écran intérieur comme si je regardais le film de mon autodestruction. J'essayais d'en comprendre le sens. Elles ne me faisaient pas peur. Je les utilisais pour me connaître. Je suivais leur piste, car ces images étaient en relation avec l'état émotionnel que je libérais directement. De fil en aiguille, elles m'avaient guidée vers d'autres images plus profondément enfouies dans mon inconscient. Mon corps, dans sa profonde sagesse, m'instruisait sur les pistes à suivre.

Pour me guérir, j'avais donc parcouru un trajet du corps vers l'esprit et de l'esprit vers le corps.

Du corps vers l'esprit en dégageant grâce à la pratique psycho-corporelle la mémoire cellulaire et musculaire qui empoisonnait mon système endocrinien et immunitaire. Cette libération était d'ordre émotionnel et physique et se manifestait sous forme d'impressions, sous forme d'images.

Puis de l'esprit vers le corps en prenant conscience des images auditives d'autodestruction qui se présentaient telles des croyances et en agissant de façon concrète[9] sur ces pensées négatives et destructrices qui se révélaient à ma conscience. En changeant aussi mes comportements et habitudes qui m'incitaient à me maintenir dans une vie et des amours étriqués.

Ce trajet s'était accompli de lui-même. Grâce à ma maladie, je m'étais prise en charge, j'avais ouvert les portes de mon monde intérieur, j'avais tiré de l'enlisement mon potentiel de guérison, et mes images intérieures m'avaient démontré la possibilité de cette transformation.

Ainsi la vision que le Dr Simonton avait de la maladie était différente de la mienne. Nous accordions la même importance au fait que la maladie ne venait pas du ciel : elle est une espèce de co-création intérieure avec des aspects en nous qui souffrent. Nos approches donc se rencontraient, mais il existait dans la mise en œuvre de la pratique individuelle des divergences qui, avec le temps, se sont révélées très importantes.

Le chemin que le Dr Simonton proposait était un chemin que je jugeais plus ardu, parce que nourri par un désir extérieur et aussi une volonté de guérir. Basé sur les lois naturelles de la guérison, il engageait le conscient du patient et tout son désir, mais il y manquait le dialogue avec les aspects inconscients plus occultés, un dialogue et une collaboration essentielle avec la maladie pour se diriger vers la guérison. Cette collaboration avait été déterminante dans mon processus : elle m'avait justement permis de démystifier les aspects noirs et morbides de ma maladie tels les mécanismes d'attachement, de victimisation, d'impuissance et surtout le ressentiment.

9. Marie Lise Labonté, *Se guérir autrement, c'est possible*, chapitre 9, « Le chemin des croyances », éditions de l'Homme, 2001, p. 93 s.

J'avais accueilli ces aspects obscurs et, ce faisant, un chemin de bien-être s'était manifesté devant moi. Je m'étais laissé guider par la partie en moi qui s'était ouverte aux forces de guérison inhérentes. J'avais laissé ma conscience s'élargir et ainsi j'avais permis de désinhiber tout un potentiel de vie qui n'attendait qu'à être libéré. J'avais ainsi « agi » ma guérison.

La méthode Simonton intégrait la visualisation de guérison, mais elle était plus superficielle, non pas sur le plan de son authenticité, mais par son omission d'une recherche des profondeurs. Je suis ressortie de cette formation enrichie des connaissances intellectuelles nécessaires pour mieux comprendre et intégrer mon vécu. Mais côtoyer cette méthode m'a aussi fait prendre conscience que, d'abord et avant tout, ma pratique était basée sur l'importance du dialogue avec la partie malade en soi, de l'écoute de son corps et de ses rêves et de l'alignement naturel de l'énergie de guérison. C'est grâce aux découvertes du Dr Simonton que j'ai pu réaliser ma propre méthode, et je le remercie de l'aide qu'il apporte à l'humanité.

L'histoire de Sylvie

Pour illustrer l'importance du dialogue avec l'Inconscient, je vous invite à rencontrer Sylvie.

Un après-midi, lors d'une formation que je donne dans le cadre de ma « Méthode de libération des cuirasses » (voir p. 28), je demande à mes élèves, qui viennent de vivre des mouvements d'éveil corporel au sol, de dessiner la perception qu'ils ont de leur corps sur une feuille de papier de leur taille. Dans un mouvement spontané, tous se mettent à dessiner leur corps en choisissant les couleurs qui les inspirent. Ensuite, ils accrochent leur dessin sur un mur devant eux. Puis, assis au sol au pied de leur dessin, ils commencent à regarder ce que leur inconscient – à la manière d'un rêve – vient de leur révéler sur la relation à leur corps.

Sylvie, une de mes élèves, semble très secouée face à son dessin. Je m'approche d'elle pour regarder son œuvre et tenter de comprendre son désarroi. Quelle n'est pas ma surprise de voir un corps envahi par un énorme cobra rouge. Je comprends que Sylvie, atteinte de psoriasis, vient de dessiner quelque chose d'important pour elle. En effet, elle est atteinte de cette maladie depuis des années et son corps est, de fait, recouvert d'une peau qui peut ressembler aux écailles sèches d'un serpent.

Sylvie est psychologue et a déjà fait un long travail sur sa maladie. Elle a utilisé plusieurs outils, et le dernier en date est la visualisation de guérison, dont elle a pris connaissance dans un ouvrage scientifique assez réputé. Le thérapeute y suggère de trouver une image représentative de la maladie puis de la tuer. Or, l'image qui lui est venue spontanément à l'esprit a été celle d'un cobra. Elle s'est donc évertuée pendant quelques mois à visualiser qu'elle tuait le cobra qui représentait sa maladie, c'est-à-dire le psoriasis.

Sylvie pleure toujours au pied de son dessin. Je m'assieds à côté d'elle et je lui demande d'en parler à haute voix. Elle me raconte à quel point elle est découragée de retrouver encore le cobra dans cette représentation de son corps. Elle se lève pour me montrer du doigt le cobra tout rouge, en colère, qui envahit son corps tout entier. L'image est en effet fort impressionnante, car Sylvie n'est pas très grande et le cobra la dépasse de plusieurs centimètres. Je m'efforce d'écouter sa souffrance face à son dessin et face à cette réalité que la maladie est toujours là, en elle, malgré tout le travail qu'elle a fait sur les images de guérison pour se voir tuer le cobra. Sylvie est découragée de ses efforts à vouloir guérir sans obtenir de résultat.

Je lui pose cette question : « Est-ce que de te visualiser tuant le cobra t'a aidée ? – Oui et non, me répond-elle. Oui car, en essayant de le tuer, j'ai l'impression de le contrôler et/ou de m'en débarrasser : il me fait tellement peur ! Et non, parce que, depuis que j'essaie de le tuer, mes symptômes de psoriasis s'aggravent. Je n'arrive pas à le tuer, il se fâche, il fait des sons stridents, il grossit. Plus j'essaie, plus il réagit. J'ai de plus en plus mal physiquement, donc j'ai arrêté de visualiser. Et maintenant j'ai peur de ce cobra qui est là partout en moi jusqu'à la surface de ma peau. Je suis hideuse de partout. Je ne veux plus le voir. Pourquoi m'avez-vous fait travailler sur ce dessin ? Je ne veux plus voir cette image qui m'envahit. J'ai de plus en plus mal et, pendant le dessin, ma peau me brûlait partout encore plus fort que d'habitude. Depuis le début de cette formation, mon corps n'est que douleur et démangeaisons. »

Je tente de la rassurer, tout en prenant conscience qu'il est urgent qu'elle agisse face à ce cobra, mais pas dans la direction qu'elle a prise. Je me permets de lui suggérer une exploration : « Sylvie, peux-tu reconnaître que ton inconscient tente de collaborer avec toi ? » Mon élève me regarde avec de grands yeux avant d'acquiescer : « Je veux bien, mais comment ? – Il t'envoie une image qui représente ta maladie. Cette image est importante. C'est un signe de collaboration entre cette partie inconsciente de toi qui souffre et tout le reste de toi. Je te suggère de ne pas tuer cette partie de toi qui est représentée par le cobra ; d'ailleurs, ton corps te dit que tu ne peux pas le tuer. Puisque, lorsque tu essaies de te visualiser en train de le tuer, les symptômes de ta maladie augmentent, c'est un signe direct de ton inconscient, par l'intermédiaire de ton corps, qu'il n'est pas sain de le faire. Je te suggère au contraire de le rencontrer et aussi de remercier ton inconscient de sa collaboration. »

Mon élève me regarde avec de grands yeux éberlués. Elle me répond en pleurant : « Ce que vous me dites est à l'opposé de ce que certains thérapeutes écrivent. – Sylvie, je ne suis pas là pour défaire ce que tel ou tel thérapeute écrit. Je suis là devant toi et j'essaie de t'aider à établir une communication avec la partie de toi qui est malade et qui se présente à toi par cette image symbolique très importante. Je comprends ta peur et je t'invite à aller à la rencontre du cobra avec courage. Ose le rencontrer et dialoguer avec lui. Démystifie ta maladie. Apprivoise cette image. Écoute ce que le cobra a à te dire. Je te propose de te laisser guider par une de mes assistantes dans un processus d'imagination active[10] où tu iras à la rencontre de ce cobra pour dialoguer avec lui. »

Je prends le temps de lui expliquer ce travail de dialogue avec l'Inconscient et nous donnons rendez-vous au cobra pour la fin de la journée. Je me retire pour laisser Sylvie prendre le temps face à son dessin, apaiser sa peur, toucher le cobra, lui parler et lui donner rendez-vous en fin de journée pour son processus d'imagination active. Ainsi, en fin de journée, je la vois partir dans une pièce de travail avec une assistante initiée à notre méthode.

Le lendemain, je rencontre Sylvie avant de débuter notre journée de formation. Ses yeux pétillent. Elle me dit : « J'ai rencontré le cobra. J'avais très peur au début, mais maintenant cela va. Je me sens beaucoup mieux, les sensations de démangeaison se sont atténuées. Et même, aujourd'hui, je sens une certaine élasticité de ma peau. J'ai envie de vivre. Je sens une petite joie naître en moi. – Est-ce que le cobra a dialogué avec toi ? – Oui ! Après un apprivoisement de part et d'autre, nous sommes convenus de communiquer ensemble tous les jours par écriture ou par relaxation suivie d'une visualisation. Il a des choses à me dire et à me raconter. Je me suis engagée à le faire et dès que je me suis engagée à le faire, sa colère a disparu. Il est alors devenu beaucoup plus doux. J'avais

10. Dialogue dans l'imaginaire avec les images et personnages produits par l'inconscient, cette méthode jungienne complète le travail d'interprétation des rêves. Voir chapitre 14.

l'impression que je pouvais en faire un ami. Je n'avais plus peur de lui. Je vais poursuivre ce dialogue. »

Nous étions alors en janvier. Des mois se sont écoulés et, au mois de mai, je rencontre Sylvie lors d'un entretien individuel où l'on fait le point sur sa formation. Elle me raconte que le dialogue avec le cobra s'est poursuivi et que, petit à petit, les douleurs et les démangeaisons provoquées par le psoriasis ont complètement disparu. Que le psoriasis évolue même rapidement : à certains endroits, quelques plaques ont totalement disparu ; à d'autres, sa peau apparaît timidement. Elle est consciente d'être entrée dans un processus de mutation pour faire « peau neuve » et répondre ainsi à l'invitation suggérée par le cobra lors d'une de ses visualisations.

Ce dialogue avec le cobra, qui représentait sa maladie, a aussi changé le comportement de Sylvie dans sa vie amoureuse. Sylvie était prisonnière d'une relation amoureuse toxique. La piste du bien-être initiée en elle par la pratique quotidienne des mouvements d'éveil corporel lui a donné confiance en elle. Elle s'est affirmée et a décidé de quitter la position de victime qu'elle occupait dans cette relation. Elle n'entretient plus de colère, de rage ni de frustration. Et, de fait, son système immunitaire s'en porte mieux. Elle a retrouvé le goût de vivre, un sentiment de grande liberté et l'amour d'elle-même. Elle a intégré la force que représentait en elle le cobra. Sa maladie lui a servi : elle lui a donné une piste importante, une « piste » de guérison. Elle se prépare maintenant à accueillir dans sa vie une relation amoureuse saine.

Cette histoire peut sembler magique, mais il n'en est rien. Elle nous démontre tout simplement l'importance d'être à l'écoute du monde des impressions ou images qui nous habitent. Ces images sont le moyen que notre Inconscient emprunte pour dialoguer avec notre conscient. L'histoire de Sylvie nous indique l'importance de traiter avec amour les images qui nous sont transmises par notre monde intérieur à la frontière de notre conscient/Inconscient. La partie inconsciente de Sylvie a utilisé des images visuelles (image du cobra qu'elle a dessiné), auditives (les sons stridents qu'elle entendait) et kinesthésiques (la peau qui brûlait, les démangeaisons) pour communiquer avec elle. Notre inconscient utilise nos sens pour communiquer avec nous. Refuser de l'écouter revient à se couper d'une communication qui nous enrichit et nous guide vers notre puissance de guérison.

2

L'Inconscient, notre partenaire privilégié

« Jung a observé que la plupart des névroses, des sentiments de fragmentation, des impressions de vide que vit notre société sont les résultats d'un isolement de notre moi conscient de l'inconscient... Chacun d'entre nous doit vivre une vie intérieure sous une forme ou une autre. Consciemment ou inconsciemment, volontairement ou involontairement, notre monde intérieur réclamera une rencontre... Si nous tentons d'ignorer notre monde intérieur, comme la plupart d'entre nous le faisons, l'inconscient trouvera un moyen de communiquer avec notre quotidien, notre vie consciente à travers nos pathologies, nos symptômes psychosomatiques, nos compulsions, nos dépressions et névroses. »

Robert Johnson[1]

---

1. Robert A. Johnson, *Inner Work*, Harper Collins Publishers, 1986.

Ce qu'est l'Inconscient

Notre inconscient est un énorme réservoir d'énergie beaucoup plus vaste que notre « moi conscient ». Jung compare le moi conscient à un bouchon flottant au milieu de ce vaste océan de l'inconscient ou à la pointe d'un iceberg flottant dont 95 % de la matière est cachée sous les eaux noires et froides, l'Inconscient étant représenté par ces 95 % hors de vue et inconnus du moi conscient. Cet inconscient est tout aussi important et puissant s'il n'est pas respecté : d'après Jung, comme dans l'expérience vécue sur le *Titanic*, plusieurs personnes ont coulé par collision avec leur Inconscient. Il est donc important de respecter son Inconscient, du moins de rester en contact avec lui.

Le problème est que notre personnalité souvent ignore son existence, au-delà de sa vision de surface et de sa perception d'une certaine réalité. En revanche, notre Inconscient, lui, est en constant dialogue avec notre conscient, avec le sommet de l'iceberg. Par exemple, il est impossible de visualiser un état désiré (être millionnaire, être guéri, vendre sa maison, etc.) sans susciter une réaction de notre inconscient. Le corps est un des lieux privilégiés par l'inconscient pour communiquer son langage. L'un et l'autre sont intimement reliés. Si je visualise une image de bien-être, et qu'il n'y ait pas d'interférences inconscientes face à ce bien-être désiré, mon corps répondra dans la nano-seconde qui suit par une détente, une onde de plaisir le traversera. Ce ne sera pas le cas si je m'impose une image positive, comme : « La vie est belle. » Si, dans mon inconscient, une partie de moi n'y croit pas, je risque de rencontrer quelques difficultés : car, à chaque fois que je le penserai, je réveillerai cette partie de moi qui ne le croit pas. Une fois, deux fois, ce n'est pas très grave. Mais de nombreuses fois revient à mettre de l'huile sur le feu.

Prenons par exemple le cas de Joseph, un de mes patients qui avait une vision très spécifique du bien-être. Joseph vient me consulter pour des ulcères d'estomac. Cette pathologie qui s'est développée depuis quelques mois empoisonne sa vie (ce sont ses propres termes). Lorsque je le rencontre, il pratique depuis des mois une technique de visualisation créatrice qu'il a découverte dans un livre où il était question de changer sa vie par la force de la visualisation. Il visualisait matin et soir l'image de bien-être suivante : il se voyait ayant du succès dans son travail et dans la société, et il se voyait très riche matériellement. Lorsque je lui demande pourquoi ce choix de visualisation, il me répond : « C'est le rêve de tous, non ? » Je lui demande alors si c'est le sien. Joseph veut atteindre cette vie de bonheur et de succès. Toute sa petite enfance, son père l'a conditionné à atteindre la réussite financière, etc. Il aspire à cette vie qu'il visualise, à cette réussite qui n'est pas encore la sienne et c'est pourquoi il visualise avec ardeur. Mais il résulte de son effort de visualisation un mal-être, des tensions au plexus et un semblant de peur et de colère. Je décide donc d'explorer avec lui le langage de son corps et de son inconscient face à ce processus. Ensemble, nous découvrons que la visualisation que Joseph vit avec tant d'ardeur concernant sa vie représente ce que son père veut pour lui et non pas ce que lui veut. Par le biais de la visualisation, il donne avec sa volonté des instructions à sa psyché et à son corps, mais en lui des aspects inconscients refusent ce succès et cette réussite matérielle, des aspects qui résistent à faire plaisir au père et qui veulent même le punir (ressentiment). Ce père qui a insisté pour que Joseph soit à son image jusqu'à lui « empoisonner » (tels sont encore ses termes) la vie... Évidemment, la personnalité consciente de Joseph ignore cet aspect inconscient de sabotage et de ressentiment et insiste pour qu'il atteigne la réussite, le bonheur, le bien-être. Joseph se force à visualiser la vie que son père désire pour lui, et son corps en bâtit des ulcères. En utilisant la méthode des « Images de transformation », nous apprenons que ce que Joseph désire lui-même, c'est une vie beaucoup plus simple, dans le confort certes mais pas au détriment de sa créativité artistique.

Joseph a cessé de visualiser par volonté et a pu ajuster son moi conscient et son Inconscient. Combien de patients ai-je ainsi rencontrés dans ma pratique ? Beaucoup.

Il est possible d'apprendre à dialoguer avec son Inconscient, tout comme il est possible d'apprendre une langue étrangère. Cet apprentissage ne vise pas que la résolution de conflits intérieurs ou de névroses, mais aussi la découverte d'une source profonde de renouveau, de croissance, de force et de sagesse. Cette découverte de notre monde intérieur par l'imagerie nous connecte à qui nous sommes vraiment et nous réunifie pour une expansion de notre être dans ce processus d'individuation[2].

Les états modifiés de conscience[3]

Pour rendre ce chapitre qui traite du mariage de l'imagerie et de l'inconscient plus compréhensible, je vais tenter de différencier de façon simple les différents états altérés de

2. L'individuation est, selon Jung, le processus de croissance d'un être humain tendant vers la réalisation de sa totalité psychique (Soi), réalisation de tout son potentiel et de ce en quoi il est un individu unique. C'est un processus naturel généralement inconscient qui réclame cependant tôt ou tard une collaboration consciente. Cela devient alors la quête difficile du héros / héroïne à la recherche de lui-même. Voir chapitre 15.

3. État altéré de conscience : ce terme nous vient de la littérature portant sur l'hypnose envisagée comme altération de conscience ; par extension, il est utilisé dans le contexte de la relaxation, de la méditation et de l'usage de substances psychédéliques. Il correspond à ce que Jung désignait comme un « abaissement du niveau mental » nous rendant accessible aux suggestions et aux images venues de l'inconscient.

conscience appartenant à la dimension de la personnalité consciente et à l'Inconscient. Voici les trois dimensions à travers lesquelles nous voyageons, pour certains quotidiennement et pour d'autres quasi quotidiennement.

Le conscient

D'abord, notre conscient : cette dimension de conscience associée à l'état de veille. Elle fait partie de l'aspect psychique appelé « moi conscient ». Elle est la somme de ce que nous vivons dans la mémoire présente jusqu'à la mémoire à court terme. Dans cet état de conscience, on retrouve aussi ce que notre personnalité connaît et qui la sécurise. Par exemple, je peux connaître l'histoire de ma naissance car ma mère me l'a racontée. Est-ce que je me souviens de ma naissance ? Non, pas nécessairement, mais je connais l'histoire de ma naissance : cette dernière fait partie de mon « moi conscient ». Je peux vous la raconter à partir de ce qui m'a été raconté. Mon « moi conscient » gère alors le contenu de mon histoire et je suis dans un état de veille, c'est-à-dire un état de présence (je ne suis ni endormie ni en état de relaxation). Dans cet état de conscience, je peux vous raconter mon histoire sans émotion, ou avec émotion si je le choisis. Je peux aussi vous dire ce que j'ai fait hier avec ou sans émotion et vous raconter ce que je veux faire demain ou dans un an avec ou sans émotion. Je peux choisir ce que je vous raconte : par exemple, si j'ai été témoin un après-midi d'une scène pénible, je peux vous raconter le soir même ce qui a été le moins douloureux pour moi et mettre de côté ce que j'ai trouvé invivable. Je garde le contrôle sur la matière psychique qui est là présente. Je la gère ou j'ai l'impression de la gérer. Cet état appartient à la portion consciente du « moi » ou de la personnalité. Dans cet état, je suis en contrôle : ce qui n'est point agréable est remisé dans mon sous-conscient ou préconscient et s'il y a lieu jusqu'à mon inconscient.

Une des fonctions du « moi conscient » est de maintenir l'équilibre de la personnalité. Je peux vous raconter une scène douloureuse parce que j'ai le choix de ne livrer que ce qui ne me perturbe pas et de mettre de côté le reste qui serait trop inconfortable pour moi ou pour l'autre.

Lorsque je suis dans cet étage de ma conscience, je suis en état de veille donc d'alerte et je peux en tout temps répondre par mes réflexes à une agression ou à un danger et me protéger. Mon système nerveux central est activé dans son mode sympathique[4].

Le préconscient

Sous le conscient vient le préconscient[5], qui sert d'éponge ou de coussin entre le conscient et l'inconscient. J'accède à mon « moi préconscient » (chez certains auteurs, appelé un des étages du « subconscient[6] ») par un état altéré de l'état de

---

4. Voir Arthur Janov, *Le corps se souvient*, éditions du Rocher, 1997, p. 76 et suiv. : « Le système sympathique gouverne les comportements directs consommateurs d'énergie, comme la réaction de combat ou de fuite. Il nous mobilise, élève la température du corps et réduit la circulation périphérique (en réservant du sang pour les muscles sollicités par l'imminence de la lutte ou de la fuite), si bien que notre visage pâlit et que nos mains ou nos pieds se refroidissent. »

5. Le préconscient est, dans la terminologie freudienne, la zone intermédiaire entre la conscience et l'inconscient filtrant les échanges entre ces deux pôles de la psyché.

6. Selon le *Vocabulaire de la psychanalyse* de Laplanche et Pontalis (PUF, 1984), subconscient est le « terme utilisé en psychologie pour désigner soit ce qui est faiblement conscient, soit ce qui en dessous du seuil de la conscience actuelle et même inaccessible à celle-ci ». Dans le vocabulaire populaire, il désigne plus généralement l'inconscient dans sa tendance à participer à la vie consciente en se manifestant par des lapsus, actes manqués, impulsions et fantasmes.

veille. Cet état altéré, qui est présent lorsqu'on sort de notre sommeil, peut être induit par la relaxation ou par l'écoute d'une musique douce qui détend mon corps ou encore par des gestes répétitifs, tâches quotidiennes qui n'exigent pas de moi une présence consciente et où je peux me permettre de rêvasser et de me laisser aller.

Cet état s'obtient par un passage obligatoire du système nerveux sympathique au système nerveux parasympathique[7] : j'abandonne mon état de veille (état d'alerte) dans lequel j'ai l'impression de contrôler ma réalité et j'accède à un état où je lâche le contrôle et je me permets une détente, un élargissement de mon être conscient. Je peux rechercher cet état consciemment ou je peux le provoquer par l'exécution de tâches qui permettent une action sur les ondes cérébrales créant l'état altéré.

Dans le préconscient, se loge ce que mon « moi conscient » a relégué parce qu'il l'a jugé non agréable ou parce qu'il ne peut pas tout emmagasiner : par exemple, dans un état de détente, je peux me souvenir que j'ai oublié d'appeler un ami ou d'accomplir telle tâche qui ne fait pas partie de mes priorités quotidiennes ou qui est plus ou moins agréable à faire. Je peux aussi trouver dans cette couche de ma conscience altérée des souvenirs ou des informations venues de mon inconscient et que mon moi conscient a remisées : je peux soudainement me souvenir d'un rêve de la nuit précédente, d'une image de quelqu'un que j'aime, ou ressentir le désir de communiquer avec un vieil ami ou avoir le pressentiment que je vais rencontrer une personne que je n'ai pas vue depuis des années. Je peux encore me souvenir d'un doux moment passé le matin

7. Voir Arthur Janov, *Le corps se souvient*, *op. cit.*, p. 77 et suiv. : « Le système parasympathique contrôle les conduites préservant l'énergie comme le repos, le sommeil et les processus réparateurs. Il dilate les vaisseaux sanguins, réchauffe la peau et favorise toute forme de guérison. »

même avec mes enfants à leur réveil et qui me revient tout en conduisant ma voiture. Ou encore, dans cet état de rêverie, me laisser aller à m'imaginer conduisant la Mercedes de mon voisin, voiture que je désire depuis ma toute petite enfance.

Mon préconscient sert donc d'éponge ou de respiration entre mon moi conscient et mon inconscient. Il est l'espace qui absorbe les informations venues de l'inconscient et qui ne peuvent être encore totalement gérées par le moi conscient, mais qu'il est important d'entendre pour une meilleure gestion de sa vie ou pour une meilleure harmonie de l'être. Il permet à mon système sympathique de se reposer et de se détendre. Le corps et la psyché en bénéficient car, lorsque je quitte l'état de veille, je me mets automatiquement en disponibilité pour une écoute plus intériorisée. Ma conscience du temps s'élargit, je peux avoir l'impression que cela fait 15 minutes que je conduis quand réellement cela fait une heure ou que je regarde ce film depuis 10 minutes quand 45 minutes sont déjà passées. Ces phénomènes d'altération du temps sont typiques de l'état de préconscient et de l'influence du système parasympathique. Les systèmes immunitaire, endocrinien, circulatoire peuvent sous cette influence se régénérer.

L'inconscient

Dans mon inconscient[8], réside ce que mon « moi conscient » a refusé de gérer et a choisi de reléguer pour éviter les trau-

8. L'inconscient est cette partie de la psyché dont nous ne sommes pas conscients – à laquelle nous n'avons pas d'accès direct – et qui cependant joue un rôle déterminant dans nos vies car il est la source de notre conscience. Selon Jung, l'inconscient n'est pas seulement le réservoir de ce que le conscient a oublié ou refoulé mais il est doté d'autonomie créatrice. Il a une dimension personnelle et, en deçà de celle-ci, une dimension collective incluant par exemple notre mémoire familiale ainsi que les instincts et images (archétypes) communs à toute l'humanité. Voir chapitre 10.

matismes, la folie, la maladie ou les grands déséquilibres. Ainsi, dans cet espace, se logent des souvenirs précis d'événements, joyeux ou malheureux, mais jugés traumatisants pour l'équilibre de ma personnalité consciente. Dans l'inconscient se loge aussi la toute première blessure que l'on a expérimentée, la blessure fondamentale[9] : blessure que nous tenons cachée car trop douloureuse et occultée par le système familial qui la porte. Il recèle aussi ma véritable histoire, et non la version que m'en ont donnée mes parents : celle que ne raconte pas mon moi conscient qui n'en a gardé que les bonnes parties qui font plaisir ou les parties tristes qui permettent d'attirer l'attention.

Dans mon inconscient réside ce que je ne connais pas consciemment mais que je peux présager par des rêves (signes de nuit[10]) ou au fil des rencontres surprises de la vie (signes de jour[11]). C'est un réservoir constamment présent même si ma personnalité consciente l'ignore, et qui est en permanence en communication avec mon être dans ses dimensions élargies de conscience, et cela même si ma personnalité semble maintenir le contrôle.

J'accède à mon inconscient par l'écoute de mes rêves ou des signes de jour, ou par des outils d'exploration de l'inconscient et du préconscient comme la visualisation, l'imagination active. J'y accède aussi par le biais du corps à travers l'usage de tech-

---

9. La blessure fondamentale renvoie au traumatisme psychique originel qui a entraîné la formation de la cuirasse fondamentale. C'est la blessure la plus profonde – traumatisme de séparation, blessure d'abandon, de rejet, etc. – qui fournit le motif initial aux blessures subséquentes qui en sont la répétition souvent distordue (ainsi un complexe d'infériorisation répété pourra-t-il masquer une blessure d'abandon). Cf. Marie Lise Labonté, *Au cœur de notre corps*, éditions de l'Homme, 2000, p. 49 et suiv., ainsi que *Le Déclic*, éditions de l'Homme, 2003, p. 47 et suiv.

10. Les rêves sont truffés de signes que nous fournit l'inconscient pour équilibrer notre vie et nous individuer. Voir chapitre 12.

11. Des coïncidences significatives surviennent souvent dans les tournants décisifs du processus de transformation. Voir chapitre 13.

niques psycho-corporelles qui libèrent les mémoires inconscientes logées dans les cellules et les muscles[12].

Ce sont les contenus logés dans le préconscient et l'inconscient qui forment ce que Nicolas et moi appelons le monde intérieur.

La capacité de transformation des états symptomatologiques du corps

Notre corps est le siège de notre inconscient : dans nos muscles, notre tissu conjonctif se trouvent logés des souvenirs de notre enfance ou petite enfance, des émotions refoulées, et, en dehors des rêves, l'inconscient utilise des signes physiques (symptômes, tensions) pour nous communiquer des messages qui ne veulent pas être entendus par le « moi » conscient. Cette alchimie corps et inconscient est inéluctable. C'est d'ailleurs grâce à elle que les images de guérison peuvent agir contre les processus inconscients de destruction qui agissent directement sur les cellules et tous les systèmes de notre corps. Plus un individu est cuirassé[13] (plus il se protège de façon inconsciente ou

12. Cf. Dr. Alexander Lowen, *Le Corps bafoué*, éditions France-Amérique et Tchou, 1976.

13. « Une cuirasse est l'expression pure de la vie, mais de la vie inhibée. La cuirasse s'installe dans le but d'emprisonner l'expression de la vie, l'onde de plaisir, l'élan créateur. (...) Par son action d'inhibition, de défense, de protection, la cuirasse est autonome. (...) Elle n'est pas associée à une émotion mais à un ensemble qui lie émotions, pensées, images, impressions et que l'on appelle l'affect. La cuirasse est vivante et est capable d'expression et de mémoire car elle est habitée par l'intelligence de la vie. » Cf. Marie Lise Labonté, *Au cœur de notre corps*, *op. cit.*, p. 40. et suiv.

consciente de lui-même ou des autres), plus il lui est difficile de reconnaître que son corps a une vie propre et qu'il lui envoie des messages de son préconscient, de son inconscient, c'est-à-dire de son monde intérieur.

Le « moi conscient », par son désir de tout contrôler, peut quelquefois agir comme une barrière entre le corps et l'esprit, pour éviter qu'il y ait expression par le corps des messages inconscients vers la conscience de l'individu. Notre corps est bien fait, il ne ment pas : même si je place beaucoup de couches de protection entre les différentes parties de moi-même qui créent mon être psychique et que je tente de mentir aux autres ou me mentir à moi-même sur des aspects plus profonds de ma psyché, mon corps, lui, ne ment pas. Par exemple, si un ami vous demande de l'accompagner au cinéma, et que vous vous obligez à répondre oui, alors que vous n'avez qu'une envie : rester chez vous et vous reposer, vous avez tendance à le faire avec un certain empressement, afin que votre ami ne remarque pas que vous le faites à contrecœur. C'est un double mensonge : vous vous mentez à vous-même et vous lui mentez, vous dites « oui », alors que votre langage corporel indique « non ». Si votre ami est capable de lire les messages non verbaux, il va comprendre que vous n'avez pas envie de venir. S'il ne voit rien, vous ressentirez un malaise intérieur, car votre subconscient aura enregistré la contradiction : « oui » avec les mots et « non » avec le corps.

Notre corps ne ment pas et s'exprime par des symptômes qui sont des cris d'appel lancés à la personnalité consciente pour qu'elle entende qu'il y a déséquilibre ou conflit intérieur. La personnalité consciente n'aime pas les conflits, elle préfère contrôler pour que tout aille bien. Souvent elle choisit la superficialité au détriment de la profondeur de l'être.

Les symptômes vont durer et même perdurer jusqu'à ce que le message de l'inconscient parvienne par le biais du préconscient jusqu'au « moi conscient » de l'individu. Combien de fois l'inconscient devra-t-il se manifester ? Une fois, dix fois, quinze fois avant qu'il attire mon attention ? Combien de temps cela peut-il prendre ? Une semaine, un mois, un an, une vie ? Si je suis coupée de moi-même, alors une vie peut-être ; si je suis à l'écoute et en réceptivité, quelques minutes quelquefois suffisent pour arrêter une réaction en chaîne symptomatologique.

Cette réaction en chaîne dépend de plusieurs facteurs. Quelquefois, lorsque les symptômes reviennent, le moi conscient se rend compte qu'il perd le contrôle là où il pensait dominer le tout. Le corps lui dit : « Non, tu n'as rien compris. » Alors la personnalité consciente réagit en se blindant face au symptôme, en se contractant et se séparant de la sagesse profonde du corps. Elle s'enferme dans son orgueil et dans la non-communication avec la connaissance profonde qui émane de l'inconscient ou du préconscient via le corps. Elle se sépare encore plus d'elle-même[14].

Notre corps agit comme une soupape, comme le dernier lieu possible pour exprimer un déséquilibre et attirer l'attention des couches superficielles de l'être sur ses couches plus profondes.

Il est vrai que le langage du corps peut sembler fort énigmatique au tout début d'une démarche d'introspection et d'intimité envers soi-même. J'ai souvent entendu dans ma pratique de psychothérapeute ces mots : « Mais qu'est-ce que mon corps veut bien me dire ? », « Comment puis-je me mettre à l'écoute de mon corps ? », « Comment décoder le langage non verbal ? » Il existe bien des courants de pensée modernes et anciens qui font le lien entre les régions du corps en souffrance, les émotions qu'elles contiennent et le message psychique transmis par l'inconscient. Il existe des ouvrages que

---

14. Cf. Marie Lise Labonté, *Le Déclic*, *op. cit.*, chapitre 3, « Le divorce de sa nature profonde », p. 79 et suiv.

l'individu peut utiliser[15] mais la vérité est là, en chacun. Certes, ces ouvrages peuvent aider et servir de guides, mais le plus important est de comprendre l'information qui émane du symptôme. Quelles sont les images, les impressions qui émanent d'une douleur ? Est-il possible de symboliser ou de figurer par un dessin la souffrance que je porte à mon épaule gauche ?

Permettre en effet au symptôme de s'exprimer par des images, impressions, symboles ou dessins ouvre un espace de transformation de la symptomatologie[16]. Notre corps est le dernier endroit où notre inconscient peut s'exprimer pour être entendu. Sur cette planète, en ce moment, il sert à notre évolution, il est notre véhicule, qu'on le veuille ou non. Nous avons besoin du corps pour nous déplacer dans le monde extérieur mais aussi pour nous déplacer d'un plan de conscience à un autre dans notre monde intérieur. Attention, je ne dis pas que nous ne devons exister que par le corps. Mais notre corps est notre ami en ce sens qu'il est le siège d'une vie autonome profonde qui nous renseigne sur les différentes composantes de l'être. Nous sommes beaucoup plus vastes que lui, mais il est beaucoup plus humble et véridique dans son expression d'authenticité. Je l'ai dit : il ne ment pas. Combien de fois ai-je rencontré dans ma pratique des mémoires occultées logées dans une hanche, dans une épaule ou dans une mâchoire ? La sagesse du corps est très grande car jamais je n'ai été témoin d'une désoccultation prématurée[17] par le corps vers l'esprit,

15. Michel Odoul, *Dis-moi où tu as mal, je te dirai pourquoi*, Albin Michel, 2002.

16. Voir l'histoire de Sylvie au chapitre 1, p. 38.

17. La désoccultation est la libération des mémoires inscrites dans le corps et qui étaient auparavant occultées, c'est-à-dire inaccessibles. Cette libération peut être prématurée quand elle est obtenue artificiellement, par exemple sous l'effet de drogues ou de méthodes thérapeutiques faisant fi des signaux émis par le corps.

ce qui aurait pu entraîner des décompensations néfastes pour l'ensemble de la personnalité d'un individu. En revanche, j'ai été témoin de l'inverse : une désoccultation prématurée de la psyché faisant fi du corps qui agissait comme gardien d'un matériel inconscient non prêt à être révélé[18]. Le corps agit non seulement comme lieu de stockage des appels (symptômes) vers la personnalité consciente pour attirer son attention, mais aussi comme protection pour éviter que la psyché absorbe toute l'onde de choc d'une mémoire occultée. C'est un lieu de somatisation, une somatisation quelquefois nécessaire qui permet d'éviter l'éclatement de la personnalité ou la folie. La seule façon de libérer ce soma est de permettre que les symptômes se libèrent en images, en informations, en impressions visuelles, kinesthésiques, auditives ou autres vers l'esprit. Ainsi l'imagerie sert d'outil de transformation du symptôme physique dans un dialogue avec l'inconscient et l'énergie de nos profondeurs.

Transformer les états symptomatologiques de la psyché

Il en est de même pour la psyché[19]. Avant que le corps absorbe l'onde de choc d'un mal-être, c'est par elle que s'expriment les états symptomatologiques. J'oserai dire que tout symptôme qui s'est manifesté dans le corps est la résultante

---

18. Cf. Marie Lise Labonté, *Au cœur de notre corps*, *op. cit.*, p. 114 et suiv., l'histoire de Cécile.

19. La psyché, par opposition au soma (le corps), est l'ensemble des phénomènes psychiques tels que les pensées, les sentiments, les sensations et les émotions, qu'ils soient conscients ou inconscients.

d'un symptôme qui s'est exprimé en premier dans la psyché et qui n'a pas été entendu par la personnalité consciente de l'individu.

Attention, psyché et corps ne font qu'un. À chaque fois qu'un individu se rétracte psychiquement, son corps le ressent et porte la marque dans sa chair de cette contraction. À l'inverse, pour que le corps en arrive à somatiser complètement un symptôme psychique, cela peut prendre beaucoup plus de temps. Il existe toujours un temps de latence réactionnel[20] entre la psyché et le corps.

J'ai observé dans ma pratique que ce temps de latence varie d'un individu à l'autre et dépend de plusieurs facteurs (la vie intra-utérine, le rôle que les parents attribuent dès sa conception à l'enfant, le milieu familial, la récurrence d'événements agressifs, la construction de la personnalité, la capacité d'adaptation, la place dans la famille, la mémoire génétique et la transmission transgénérationnelle). Il faut parfois plusieurs années avant que le symptôme psychique non entendu par la globalité de l'être se manifeste par un symptôme physique, c'est-à-dire par une somatisation.

En médecine psychosomatique, on observe habituellement trois événements majeurs dans la vie d'un individu avant l'apparition d'une maladie chronique physique ou psychique. Si on se réfère au tableau du processus psychosomatique ci-dessous, il en ressort que l'événement qui se produit vient réveiller en premier lieu une réaction symptomatologique psychique. Cette réaction s'accompagne d'une réaction symptomatologique physique après un temps de latence qui peut varier d'un individu à un autre.

---

20. Le temps de latence réactionnel est le délai entre la réaction de l'esprit suite à un événement et sa résonance dans le corps, appelé effet de somatisation.

Le processus psychosomatique
La spirale d'involution de la maladie

Psyché		Soma
Expérience de la petite enfance. Construction de la personnalité autour de la blessure fondamentale et création des complexes.	→	Le corps bâtit ses cuirasses[21].
Premier événement qui vient toucher la blessure fondamentale (occultée et niée par le milieu familial) et la construction du moi conscient de l'individu. • La psyché est déséquilibrée et l'exprime par un symptôme psychique.	→	Onde de choc réactionnelle qui vient percuter le corps. Le corps se réorganise face à l'expression du symptôme psychique. Il se cuirasse.
Deuxième événement qui vient à nouveau percuter le « moi conscient » par le réveil de la blessure fondamentale. • Cette deuxième attaque psychique percute l'identité de la personne. Cet ébranlement de l'identité résulte en une crise psychique qui s'exprime à nouveau par un symptôme encore plus prononcé tel un état de submersion émotionnel ou comportemental. Ceci laisse une marque dans la personnalité, l'individu se fixe dans son symptôme.	→	Il en résulte une deuxième onde de choc réactionnelle qui vient percuter le corps. Le corps tente de se réorganiser mais cela laisse des traces dans ses systèmes car il y avait déjà fragilité. Il en résulte une chute du système immunitaire et un déséquilibre du système endocrinien. Des symptômes physiques peuvent commencer à apparaître tels une fatigue continuelle, une hypo ou hypertension occasionnelle, un déséquilibre de la thyroïde, des douleurs articulaires soudaines, une inflammation passagère.

21. Cf. Marie Lise Labonté, *Au cœur de notre corps*, *op. cit.*

Le processus psychosomatique
La spirale d'involution de la maladie (suite)

Psyché		Soma
Troisième événement qui vient à nouveau percuter le « moi conscient » et restimuler la blessure fondamentale. • Cette troisième attaque psychique percute totalement l'identité de la personne. L'individu perd pied et le « moi conscient » se sent réellement menacé. Il en résulte une crise psychique aiguë où apparaissent des symptômes typiques de submersion, d'état d'impuissance, de désespoir, de pulsion de mort.	→	Il en résulte une troisième onde de choc réactionnelle qui vient percuter à nouveau le corps. Ce dernier entre dans un réel déséquilibre. Il s'ensuit un fort affaiblissement du système immunitaire et un déséquilibre permanent du système endocrinien.
• Le « moi conscient » vit mal les symptômes de submersion. La réaction est de s'enfermer dans ses symptômes plutôt que de les communiquer au système environnant pour chercher de l'aide. L'individu s'enferme, se tait et refuse de reconnaître qu'il perd pied dans sa vie.	→	Le corps chute, il ne peut plus réagir.
• L'individu prend alors une distance avec lui-même. Il tombe dans des comportements encore plus destructeurs. Les symptômes psychiques ne font qu'augmenter.	→	Le corps s'enkyste dans sa réaction de perte d'énergie et s'épuise.
• Les symptômes psychiques qui se sont renforcés envoient des signaux flagrants de déséquilibre.	→	**Le corps envoie aussi des signaux flagrants de déséquilibre.**

↘ ↙

APPARITION DE LA MALADIE

Ainsi, il n'y a pas que le corps qui exprime des symptômes, la psyché peut aussi envoyer des cris d'appel pour que le moi conscient se réveille à un dialogue avec son monde intérieur.

Les symptômes provenant de la psyché se manifestent sous la forme d'un état de débordement émotionnel ou de débordement comportemental récurrent. Par exemple, je raconte dans le chapitre 1 que je me réveillais tous les matins avec un état envahissant de mal-être, accompagné d'un sentiment de nullité et d'impuissance : ces états étaient les symptômes psychiques d'un déséquilibre. Ces symptômes étaient apparus à plusieurs moments de ma vie avant que mon corps ne réagisse par la maladie, liés à des crises psychologiques que je vivais au sein de ma famille et dans ma vie de petite fille. Ils faisaient suite à des événements précis qui avaient éveillé en moi ma blessure fondamentale d'abandon et étaient l'expression de la douleur profonde que je portais en moi. Ils sont devenus récurrents parce qu'une partie de ma personnalité n'arrivait plus à s'adapter et m'envoyait des cris de détresse.

Si on reprend le tableau d'involution vers la maladie[22], on observe que face aux deux premiers événements, la personnalité consciente de l'individu, ainsi que son corps, s'adaptent à la crise qu'ils provoquent, ce qui permet aux symptômes psychiques et physiques de se résorber. Mais cette adaptation est une réaction de survie face à une douleur insoutenable : elle laisse des traces dans la psyché et le corps sous la forme d'un durcissement qui ressemble à un état de vigilance ou état d'alerte fragilisant l'individu.

Vu de l'extérieur, on pourrait dire de la personne qu'elle s'adapte, mais vue de l'intérieur, cette adaptation se fait au prix d'une contraction, d'un manque de souplesse psychique et d'une tension physique vécue par le système immunitaire et endocrinien du corps. C'est pourquoi, lorsque se présente le

22. Voir aussi Marie Lise Labonté, *Le Déclic*, *op. cit.*, p. 66.

troisième événement marquant qui stimule à nouveau la même blessure, la psyché et le corps, déjà épuisés par un combat intérieur, peinent à s'adapter de nouveau. S'installent alors une récurrence et une chronicité des symptômes psychiques. Tel est le prix à payer par l'individu qui ne veut ou ne peut pas écouter la crise lorsqu'elle se présente. Pour certains, ces cris de détresse psychique provoqueront une réaction de compensation : boulimie, consommation excessive d'alcool, de tabac ou une agressivité soudaine qui perdure dans le temps.

De tels symptômes psychiques manifestent une poussée de l'inconscient qui indique à la personnalité établie qu'il faut s'occuper d'un déséquilibre présent et non conscient. Lorsqu'ils surgissent, il est donc important de les reconnaître et surtout de les écouter, afin qu'ils se mettent en mouvement : que ce débordement psychique ne se fixe pas dans le temps et qu'il puisse évoluer vers une libération de son contenu.

Comment permettre aux états symptomatiques de se mettre en mouvement ? En leur donnant la possibilité de s'exprimer à travers des outils thérapeutiques de communication avec l'inconscient[23], en les interrogeant par le dessin ou tout autre moyen d'expression, de façon que leur contenu évolue vers une plus grande compréhension du monde intérieur.

---

23. La Programmation neuro-linguistique (PNL) propose une riche palette d'outils de communication avec l'inconscient parmi lesquels l'observation du comportement et du langage du corps, la communication réactive et le recadrage visant à faire émerger ou à modifier le sens implicite du discours ou de l'attitude, et l'ancrage, consistant en l'association d'une réponse interne et d'une stimulation extérieure. Ces outils complètent les méthodes jungiennes d'interprétation des rêves et d'imagination active (voir chapitre 14) qui trouvent aussi leur application dans l'art-thérapie par le dessin, la danse, l'écriture, la sculpture, ainsi que dans la technique dite du « jeu de sable ». Marie Lise Labonté propose une synthèse des principes mis en œuvre dans ces outils par la pratique de « l'imagerie réceptive », qui consiste à rechercher un état de réceptivité permettant d'interroger les images intérieures suscitées par un thème défini.

Si ces états se produisent chez un enfant, il est possible, comme chez un adulte, de dialoguer par le dessin avec la partie inconsciente de l'enfant qui est en crise psychique, ce qui permet une transformation de cet état de crise. Chez l'enfant, la crise est aussi en relation avec la famille ; il est donc important d'impliquer son entourage, par le biais par exemple d'une thérapie familiale ou d'une rencontre avec les parents, dans cette démarche de transformation.

Cette écoute du monde intérieur par l'émergence d'images ou de représentations à travers les sens est un réel mouvement de vie qui permet la transformation des contenus psychiques réactivés par un événement stressant et évite qu'il y ait induration[24]. Ce dialogue entre notre personnalité consciente et notre monde intérieur nous donne de réelles pistes d'enrichissement de notre être.

---

24. L'induration est un durcissement de l'être dans une réaction de survie face à un événement qui vient toucher l'individu dans son cœur et dont il ne comprend pas le sens.

3

Les images intérieures

Les images intérieures sont l'expression du contenu psychique avec lequel nous vivons jour et nuit. Que ce contenu soit conscient ou inconscient, les images qui le véhiculent font partie de notre monde intérieur. Elles sont nourries par nos sens et s'expriment aussi à travers eux. Elles sont fort révélatrices de ce qui nous habite. Il est non seulement important d'être à leur écoute mais aussi sage de les accueillir pour mieux se connaître et s'aimer.

Dans les chapitres qui vont suivre, nous irons à la découverte des formes et des expressions que peuvent prendre ces images intérieures mais avant tout voyons dès maintenant comment nos sens et leur conditionnement influencent directement la création et la qualité de nos images intérieures.

Le conditionnement de nos sens

Dans notre société nous sommes sans cesse bombardés d'impressions visuelles, auditives, kinesthésiques, olfactives et gustatives. Nos sens sont constamment interpellés et en interaction avec notre environnement. Ils sont les portes de communication qu'utilise notre personnalité consciente (la pointe de l'iceberg) pour entrer en relation avec le monde extérieur et notre monde intérieur.

Grâce à la vue, l'ouïe, l'odorat, le toucher et le goût, notre personnalité se nourrit d'impressions sensitives qui laissent en nous ces traces, ces mémoires et ces souvenirs qui font de nous des êtres vivants, vibrants, sensibles et communicants : nous possédons la capacité d'être touchés par un coucher de soleil, par une musique, par une odeur, par un goût, par une caresse ou une texture, de nous souvenir du visage d'un être cher, de l'odeur d'un plat préféré, de l'air d'une chanson populaire... Nous pouvons retracer notre chemin de vie par les empreintes que ces impressions sensitives ont laissées sur notre monde psychique et physique.

Il est important de reconnaître que nous sommes des êtres profondément « impressionnables » et « impressionnés ». Impressionnables, parce que nous sommes vivants, que nous vivons à travers nos sens et ce jusqu'à la mort. Impressionnés, parce que notre univers psychique et physique nous renvoie quotidiennement, depuis le tout début de notre existence, aux informations que nos sens ont emmagasinées.

Toujours à partir des données que nous recevons de nos sens, nous avons encore le pouvoir d'imaginer des scénarios multiples. Pour ce faire, nous recourons à des souvenirs ou à des impressions stockées en nous à partir desquels nous concevons – tels des metteurs en scène inspirés – des scénarios de vie où nous mettons en situation des personnages réels ou fictifs pour satisfaire des manques, pour combler des vides, pour nourrir une soif inassouvie de succès ou tout simplement pour bâtir un futur plus idyllique que celui que nous propose l'instant présent. Par exemple, nous pouvons nous imaginer faisant l'amour avec un inconnu rencontré dans un train, ou argumentant devant un patron récalcitrant, ou dégustant un mets interdit par notre médecin ou encore gagnant au loto... Tous ces fantasmes, qui font partie de notre monde intérieur, sont rendus possibles par ce que nous avons déjà vu, entendu ou ressenti, qui est stocké en nous et que nous ressortons pour alimenter notre monde imaginaire.

C'est aussi à travers nos sens que notre cerveau limbique[1] nous informe qu'il y a danger et qu'il faut nous protéger. Nous avons ainsi appris à bâtir des systèmes de protection à partir de nos sens visuel, auditif, kinesthésique... De manière parfois irrationnelle, à la vue d'une couleur, nous fermons notre cœur, à l'écoute d'une voix, nous devenons irritable, à la senteur d'une odeur, nous bloquons notre respiration, à la dégustation d'un plat, nous avons des haut-le-cœur... Toutes ces réactions peuvent être reliées à des souvenirs traumatisants de notre petite enfance. De ces mémoires de protection qui proviennent de nos sens, nous avons conservé des souvenirs qui limitent notre relation aux autres et à nous-même. C'est la raison pour laquelle, à l'idée de nous affirmer dans telle situation, nous voyons réapparaître le visage colérique d'un parent réprobateur ; à la pensée de dire à l'autre « je t'aime » surgit la peur d'être rejeté ; ou, derrière l'idée de réussir sa vie, se fait entendre la voix d'un père nous traitant d'« incapable »... Ce sont là des images visuelles, kinesthésiques ou auditives intérieures qui limitent notre désir de transformation et nous emprisonnent dans un univers conditionné par la peur, le doute et la retenue.

---

1. Le cerveau limbique est notre cerveau émotionnel, centre physiologique de la vie affective et de la mémoire que nous avons en commun avec tous les mammifères. Il est, selon la théorie des trois cerveaux proposée par le Dr Paul Mc Lean, antérieur au néo-cortex spécifiquement humain organisant le langage et la pensée, et imperméable à toute logique. Cependant, il joue un rôle cognitif important en élaborant les images liées aux processus émotionnels et aux pulsions. Cf. P. D. Mac Lean, *Les Trois Cerveaux de l'homme,* Robert Laffont, 1990.

Ainsi les portes de communication vers le monde extérieur et le monde intérieur peuvent être conditionnées par l'expérience d'une vie jusqu'à devenir des filtres et altérer la réalité. À travers nos sens, nous pouvons, selon notre vécu, aussi bien éprouver la sensation d'exister, d'être vivant que celle d'être isolé, coupé des autres.

Le développement de nos sens débute dans la vie intra-utérine[2] et peut se poursuivre jusqu'à la mort. Il est possible de les maintenir alertes, éveillés et ce, en cultivant une conscience de notre corps et de nous-même. Il est intéressant pour cela de comprendre pourquoi et comment nous sommes amenés à privilégier, à développer, et au contraire à négliger un sens davantage qu'un autre.

L'ouverture ou la fermeture d'un sens, ce que j'appelle « le sens conditionné », dépend de plusieurs facteurs liés à notre expérience de la vie et influençant les images intérieures qui nous habitent. Ces facteurs sont :

– la vie intra-utérine ;

– la naissance ;

– la relation symbiotique avec la mère – la « dyade mère-enfant[3] » ;

– le développement de l'image inconsciente du corps ;

– la construction des cuirasses par les agressions vécues dans le milieu familial ;

– la capacité mémorielle du corps ;

– l'expérience sensorielle.

---

2. Nina Canault, *Comment le désir de naître vient au fœtus*, Desclée de Brouwer, 2002.

3. La dyade mère-enfant est l'ensemble fusionnel formé par la mère et l'enfant dans les mois qui précèdent et suivent la naissance. Le bébé n'a alors pas d'identité propre et participe directement à la vie émotionnelle de sa mère sans capacité d'identifier ses propres affects. L'intrusion d'un tiers, souvent le père, est généralement nécessaire à la séparation psychique permettant au jeune enfant de commencer à élaborer son moi. Cf. Françoise Dolto, *L'Image inconsciente du corps*, éditions du Seuil, 1984.

La vie intra-utérine

Le fœtus, qui développe ses sens à travers son SNC (système nerveux central), est fortement impressionné par les sons qui entourent sa mère, par exemple la voix paternelle ou la voix maternelle, les bruits de l'environnement familial ainsi que ceux internes venus du corps maternel[4]. Déjà, pendant la vie intra-utérine, il a la capacité de communiquer, par des mouvements et des positions, ses émotions, son plaisir ou déplaisir[5]. Françoise Dolto souligne dans son livre *La Difficulté de vivre*[6] qu'à ce stade déjà, l'humain développe sa fonction symbolique[7], caractéristique majeure, selon elle, de l'espèce humaine. Cette fonction dépend du désir qu'a le fœtus de communiquer avec autrui, par des symboles aptes à traduire ce qu'il ressent. Grâce aux techniques d'haptonomie[8] les parents peuvent maintenant échanger avec le fœtus et l'aider à développer une communication sensitive.

---

4. Cf. Alfred Tomatis, *L'Oreille et la Vie*, Robert Laffont, 1977.

5. Cf. Nina Canault, *Comment le désir de naître..., op. cit.*

6. Cf. Françoise Dolto, *La Difficulté de vivre*, Gallimard, 1995, p. 83.

7. Très tôt, l'enfant commence à « créer du sens » en interprétant en termes affectifs ce qui se passe dans son environnement et en exprimant symboliquement son bien-être ou son mal-être. La fonction symbolique se développe ultérieurement comme la capacité de se représenter et de communiquer le réel au travers de « signifiants » distincts des « signifiés ». Françoise Dolto montre qu'elle est présente dès la naissance dans les comportements, les attitudes et parfois les pathologies des tout-petits.

8. L'haptonomie, la science de l'affectivité, s'intéresse aux interactions et aux relations affectives humaines. Elle propose une méthode de préparation à la naissance fondée sur la communication tactile entre fœtus et parents. Cf. Franz Veldman, *Haptonomie, science de l'affectivité*, PUF, 1989.

La naissance et l'expérience de la dyade

Par la suite, dès sa naissance, le tout-petit accède au développement du sens olfactif – appelé en psychologie « stade de développement olfactif » – à travers la relation intime avec sa mère. La dyade, cette relation si intime d'amour et de sécurité symbiotique que le nourrisson peut vivre dans le corps à corps avec sa mère ou sa nourrice, dont il n'est pas encore séparé psychiquement, est très importante pour son évolution sensitive. Cela revient à dire que les ressentis de l'enfant sont dans la dyade autant les siens que ceux de sa mère. Pour Françoise Dolto, la dyade est « du langage avant tout » médiatisé par du « corps à corps[9] ». Ce lien d'amour permet à l'enfant d'accéder à un sens de lui-même, dans une « référence sécurisante » à « une sensorialité plurielle olfactive, gustative, tactile liée à la mère et témoignant des liens subtils entre elle et son enfant avant, pendant et après la naissance[10] ». La maturité psychique et le développement de l'enfant dépendent de ce lien puissant nourri par les sens. S'il y a rupture de ce lien pour des raisons de maladie, mort ou séparation, le nourrisson perd le sens de lui-même.

Le développement de l'image inconsciente du corps

Dans son livre *Tout est langage*[11], Françoise Dolto montre comment l'enfant développe à travers ses sens, à travers la relation à sa mère et, par la suite, la relation à son environnement, l'image inconsciente de son corps qui va le poursuivre

9. Françoise Dolto, *La Cause des enfants*, Robert Laffont, 1988.
10. Cf. Françoise Dolto, *Le Sentiment de soi – aux sources de l'image du corps*, Gallimard, 1997.
11. Cf. Françoise Dolto, *Tout est langage*, Gallimard, 2002.

pendant toute sa vie à moins qu'il ne s'en libère. Cette image se bâtit à travers la représentation sensitive que l'enfant se fait de lui-même en relation avec le monde extérieur et son monde intérieur. Cette représentation interne est stockée dans l'inconscient : une fois structurée, elle est maintenue en lui par ses sens internes et souvent elle n'a plus rien à voir avec la réalité que lui renvoient ses sens externes. Cette construction imagée de lui-même, nourrie d'abord par l'extérieur, vit ensuite en lui de façon autonome.

Voici un exemple concret que j'ai vécu dans ma pratique à New York lorsque je travaillais auprès d'adolescents anorexiques. Dominic est un adolescent de 13 ans qui se sent et se voit gros, alors qu'il pèse à peine 30 kilos. Je lui demande de se mettre devant un miroir et de me décrire ce qu'il a devant lui. Dominic, malgré l'usage de ses yeux externes, me dit qu'il voit là un corps gros. Sa vue physique est obstruée par l'image inconsciente de son corps, c'est-à-dire la représentation mentale et physique qu'il s'est faite de lui-même. Dominic me dit aussi prendre trop de place dans sa famille : il voudrait disparaître, devenir comme un petit pois.

Cela nous démontre la puissance des 95 % de l'iceberg, cette partie inconsciente qui nous renvoie une image fausse dans le miroir. Qu'est-ce qui fait que Dominic ne percevait que sa réalité psychique ? La force de sa perception basée sur l'image inconsciente de lui-même et de son corps. Dans ce cas et dans bien d'autres cas pathologiques, l'inconscient prédomine sur le conscient et sur les sens jusque dans leur usage externe.

La construction de la cuirasse dans le développement de l'enfant

Certains enfants développent certains sens plus que d'autres à cause d'agressions vécues dans la petite enfance. Et nous rencontrons chez les enfants physiquement battus deux phénomènes possibles :

– il se peut que l'enfant ferme son sens kinesthésique pour développer un autre sens qui lui permette d'exister sans souffrir : nous disons de lui qu'il s'est cuirassé kinesthésiquement ;

– il se peut aussi qu'il développe au contraire un sens kinesthésique extrême pour prévenir le danger et se sauver à temps pour éviter les coups : c'est ainsi que des enfants battus régulièrement sentent à distance que le parent agresseur entre dans la maison et vont immédiatement se terrer. Ils ne l'ont pas entendu ou vu, ils l'ont senti épidermiquement. Nous disons de ces enfants qu'ils ont développé une hypersensibilité kinesthésique, ce qui est aussi un moyen de défense.

Dans ces deux cas, le sens kinesthésique est perturbé car il s'est cuirassé : il est le sens par lequel l'agression est d'abord vécue. Il en va de même pour le sens visuel. Un enfant qui se sent enfermé ou emprisonné (pensionnat, déménagement de la campagne à la ville où son champ de vision est rétréci, punition répétitive dans une pièce noire) peut rapidement développer une myopie. Ces enfants ont développé une cuirasse visuelle associée à leur sentiment d'emprisonnement. D'autres peuvent aussi bien voir baisser brutalement leur vision après avoir vu un événement traumatisant ou découvert un secret de famille : à nouveau, le traumatisme se manifeste par la perte du sens de la vue.

Nous sommes ici en présence de cas extrêmes, certes, mais qui nous démontrent que nous développons nos sens ou qu'inconsciemment nous les fermons, les réduisons par réaction de protection et de défense, pour ne pas souffrir. Plus nos sens sont fermés et à la longue cuirassés, plus il nous est difficile de communiquer non seulement avec le monde extérieur mais aussi avec notre monde intérieur. Car ce sont ces mêmes sens externes ou internes qui sont utilisés par notre imagination à travers notre capacité interne de représentation symbolique.

La capacité mémorielle du corps

Notre corps, à travers nos sens, a la capacité de mémoriser ce qui nous interpelle, que ce soit une expérience de bonheur ou de malheur. Cette mémoire corporelle se vit à travers notre tissu conjonctif[12] qui est l'organe de transmission par lequel passent les informations en provenance de notre cerveau limbique. Le tissu conjonctif de notre corps ressemble à une énorme toile d'araignée reliant les différentes parties du corps. Cette toile enveloppe un muscle ou un groupe musculaire, nos veines, nos artères et nos os de la profondeur à la périphérie. Lorsque notre cerveau limbique analyse qu'il y a danger, cette information est transmise à travers le système nerveux central (SNC) aux glandes surrénales qui libèrent des hormones telle l'adrénaline. Ces hormones circulent dans le sang et dans le corps entier par la voie du tissu conjonctif. La tension nécessaire pour faire face au danger transmise par le biais du tissu conjonctif est ressentie dans le corps entier (des cellules des ongles aux bulbes des cheveux), formant la cuirasse. Si, à l'inverse, le message envoyé par le cerveau limbique est la joie, des hormones du bonheur se libèrent dans le sang et le tissu conjonctif transporte partout dans le corps un message de détente et de relaxation.

Ce sont donc nos sens qui informent notre cerveau limbique du danger ou du plaisir, car c'est à travers les sens que notre cerveau capte, discerne, enregistre, trie et informe. C'est aussi

---

12. Les tissus conjonctifs sont des tissus dont les cellules sont séparées par de la matrice extracellulaire composée de fibres et de substance fondamentale. Ils sont impliqués dans les réactions de soutien, le mouvement, la réponse immunitaire, la croissance, et constituent entre autres les muscles, les os, le cartilage et le sang. La fasciathérapie est une technique manuelle visant à détendre les fascias, tissus conjonctifs soutenant les muscles et les viscères. Cf. Marie Delort Vilnet, *La Fasciathérapie*, éditions Bernet Danilo, 1996.

à travers nos sens que nous interprétons la réalité d'un événement. Mais le corps reçoit dans sa chair et dans ses cellules l'information et son interprétation. Soit celle-ci ne fait que passer, soit, si l'événement devient répétitif ou est excessif, elle est stockée : la mémoire de l'événement s'enregistre dans le corps et dans les cellules. En effet, il a été prouvé que les hormones corticoïdes produites par un stress intense ou prolongé agissent sur l'hippocampe[13].

Notre cerveau garde en mémoire ce que nos sens perçoivent, il a la capacité de stocker les informations, et nous ne pouvons nier l'usage des sens dans la communication entre notre personnalité consciente et notre monde intérieur. Notre imagination, notre mémoire utilisent ces mêmes portes sensitives pour se libérer d'un traumatisme et pour amener la guérison. Le pouvoir d'action d'une visualisation de guérison qui respecte à la fois l'inconscient et le conscient de la personne sera centuplé si elle fait l'usage de tous les sens. La personne voit, entend, ressent et goûte sa guérison. Ainsi toutes les cellules de son corps sont stimulées par son système nerveux central car cette personne a utilisé tous ses sens dans le but d'obtenir sa guérison.

L'expérience sensorielle

Pour entrer en contact avec la réalité extérieure nous disposons de cinq sens. Les sens visuel, auditif et kinesthésique sont les plus utilisés. Le sens de l'olfaction est le plus archaïque et resurgit dans un réflexe de survie à des expé-

13. L'hippocampe est une structure cérébrale faisant partie du système limbique. Il joue un rôle important dans la mémoire spatiale et la consolidation de la mémoire, c'est-à-dire le passage de la mémoire à court terme à la mémoire à long terme.

riences traumatisantes. Par exemple, lors de la perte d'un enfant ou d'un conjoint, souvent le premier réflexe de la mère ou du père ou du conjoint en deuil est de sentir les vêtements de l'enfant ou du conjoint décédé, de retrouver l'odeur pour que l'autre continue d'exister en soi. Ce réflexe est instinctif. Toutefois ce sens olfactif semble se perdre avec le développement de l'enfant à l'adolescence et à l'âge adulte à moins qu'il ne soit relié à une cuirasse fort spécifique[14].

Autant nous entrons en contact avec le monde extérieur à travers nos cinq sens, autant nous nous le représentons aussi à partir de nos cinq sens.

L'être humain utilise quotidiennement dans sa communication verbale des phrases types qui démontrent l'usage privilégié d'un ou de plusieurs sens. C'est ainsi que nous pouvons dire de quelqu'un qu'il est visuel ou surtout auditif ou plutôt kinesthésique. Des études ont été faites par le regroupement de programmation neuro-linguistique PNL[15] sur le langage verbal de patients en consultation qui décrivaient une expérience heureuse ou malheureuse : nous privilégions toujours un sens comme *porte d'entrée* dans la communication avec le monde extérieur et avec notre monde intérieur. Ce système est appelé « système de perception » : c'est-à-dire qu'il décrit comment je, nous, vous, percevons la réalité. La perception est influencée par les facteurs déjà mentionnés (vie intra-utérine...).

---

14. Cf. Willhem Reich, *L'Analyse caractérielle*, Payot, 1971.

15. La Programmation neuro-linguistique (PNL) est une technique de psychologie comportementale : elle ne s'intéresse pas aux causes psychologiques mais privilégie l'étude des modalités de l'adaptation au réel. Elle ne propose pas de théorie mais un modèle pragmatique appliqué en particulier à la communication et des outils fondés sur l'étude des relations entre la pensée et le langage (voir note p. 63). Cf. Alain Cayrol, Josiane de Saint-Paul, *Derrière la magie – la Programmation neuro-linguistique* (PNL), Inter-Éditions, 2002.

Il existe, selon les études de programmation neuro-linguistique (PNL), un autre système qui est le « système de représentation » qui explique comment je me représente la réalité que j'ai perçue. Ce système utilise les mêmes sens comme *portes de sortie* de la communication de mon monde intérieur (ce que j'ai perçu) à ma psyché (ce que je me représente). Ainsi il peut exister un décalage entre ce que j'ai perçu et ce que je me représente : c'est ce que j'appelle l'expérience sensorielle d'une réalité.

Imaginons que vous êtes avec moi sur une plage. La façon dont je perçois la plage sera différente de la vôtre. Nous percevons chacun de bien des façons car nous identifions la réalité grâce à une combinaison d'informations variées qui sont influencées par notre vie intra-utérine, notre naissance, le développement de notre personnalité.

Reprenons notre scénario de la plage, et imaginons que nous nous en retirons pour aller nous isoler dans une pièce fermée. Nous décrivons à un interlocuteur neutre (qui ne la connaît pas) la « dite » plage. Pour ce faire, nous utilisons notre capacité de représentation. Je peux faire spontanément appel à des symboles, par exemple : « La plage est comme un coquillage bleu et doré », alors que vous décrirez cette même plage par des mots très simples : « La plage est large et se termine par un rocher de couleur de corail rose ». Tous les deux nous sommes vrais en ce sens que nous relatons notre représentation d'une même réalité qui est à la fois semblable et fort différente.

Percevoir une réalité est un processus actif, et la représenter est tout aussi actif. Ce décalage entre la perception et la représentation explique un phénomène souvent observé en psychosomatique : les membres d'une même famille peuvent vivre différemment l'expérience d'un événement. Pour certains, il aura été traumatisant ; pour les autres, difficile et pour d'autres encore, peu important. Un des membres peut développer à sa suite une maladie alors qu'il n'affectera pas un autre car chacun l'a perçu à partir de ses propres codes internes et se l'est ensuite représenté à partir de son monde intérieur. Le contenu psychique de la perception et le contenu psychique de la représentation font partie de ce que j'appelle les « images intérieures ».

Il existe donc une réalité de perception et une réalité de représentation. Pour ma part, je considère les images intérieures enregistrées et stockées comme réelles en ce sens que je n'oserai jamais nier ce qu'un patient me décrit comme perception et représentation d'une réalité traumatisante. Tout ce matériel psychique est important. Il est l'expression même de l'individu, que ce soit de sa personne blessée ou de sa nature intacte. Sachant qu'une réalité qui semble banale pour l'un peut être traumatisante pour l'autre, il est important d'accueillir l'autre dans son vécu de perception et de représentation, et de se souvenir qu'il n'existe pas une seule vérité pour tous mais une vérité unique pour chacun.

Nos deux modes de perception comme de représentation passent à travers les couches de la personnalité consciente (ma volonté, mes désirs et mes projections conscientes), préconsciente (l'influence externe et interne conditionnée) et de l'inconscient (mes mémoires, mes souvenirs et occultations et ma représentation symbolique et l'image inconsciente de mon corps et de moi-même). Un objet X (par exemple la plage dans l'exemple ci-dessus) devient un sujet Y quand je le perçois parce que l'objet X passe à travers les filtres de mes sens et le pouls de mon monde intérieur. Par le fait même je l'altère par mon mode de perception et j'en fais par ma perception un sujet Y : l'objet devient sujet parce que je « l'assujettis » à mon monde intérieur, c'est-à-dire que je le fais mien inconsciemment dès sa pénétration dans mes filtres sensoriels, dès ma perception. C'est pourquoi chaque fois que j'entends quelqu'un dire à un autre : « Sois objectif », je souris car il est impossible d'être « réellement » « objectif » : dès que je perçois, je deviens « subjectif ». Je peux ainsi, selon le contenu de mon passé (l'influence de mes souvenirs, de mes traumatismes, de mes protections), de mon présent (l'état dans lequel je suis aujourd'hui) et de mon désir du futur (mes aspirations ou ma volonté, mes projections), transformer une réalité.

Les modalités de nos images intérieures

Nos images intérieures communiquent avec notre personnalité consciente selon différentes modalités et sous-modalités. Imaginez que je vous demande de visualiser la plage de vos rêves, l'image peut se présenter spontanément à vous sous deux formes :

– selon un mode dissocié : vous voyez la plage sur un écran devant vous ;

– selon un mode associé : vous êtes sur la plage.

Continuons l'expérience. Je vous demande de vous visualiser sur la plage et de me décrire votre expérience :

– si vous êtes du type 1, dissocié, vous vous verrez sur un écran marchant sur la plage et votre langage descriptif sera : « Je me vois marchant sur la plage, je me vois ramassant des coquillages, etc. » ;

– si vous êtes du type 2, associé, vous êtes déjà sur la plage, votre langage descriptif sera : « Je suis sur la plage, je ramasse des coquillages, etc. »

Il y a une énorme différence entre les deux modalités. Chez le type associé, l'image entre directement dans le système nerveux central, c'est-à-dire dans toutes les cellules du corps humain et si, en plus, un contenu émotionnel est associé à l'image, cette émotion libérera immédiatement des hormones dans le sang[16]. Le mouvement de vie créé par l'image en association est direct. Des recherches ont été faites prouvant que les personnes qui fonctionnent selon ce mode sont plus facilement atteintes par les images publicitaires, médiatiques ou les images traumatisantes dont elles ont pu être les témoins. La perception d'un événement de leur vie et la représentation qu'elles s'en font ont beaucoup plus d'impact sur leur corps physique. Si l'événement est heureux, elles vont en bénéficier grandement, l'onde de plaisir sera ressentie à travers le SNC dans toutes les cellules de leur corps. En revanche, si l'événement est difficile, elles seront sans protection et sa difficulté sera ressentie vivement dans tout leur corps.

J'ai observé dans ma pratique qu'une visualisation de guérison sur une personne qui fonctionne en mode associé a des résultats plus rapides que si la personne vit la visualisation en dissocié : elle reçoit plus directement le matériel inconscient. Le mode associé privilégie donc le dialogue avec le monde intérieur. Les informations profondes arrivent plus facilement à la conscience.

L'individu de type 1, dissocié, prend constamment une distance face à tout. Attention : cela ne veut pas dire que si vous vous voyez marchant sur la plage de vos rêves comme sur un écran, vous n'éprouvez pas de sensations de plaisir dans votre corps. Mais l'impact d'une image dissociée est chez vous beaucoup moins grand, car il y a une distance entre l'image

16. Le cerveau limbique, siège de la vie affective, contrôle aussi la production d'hormones dans le corps : toutes les émotions sont accompagnées de réactions physiologiques. Ces émotions provoquent la production d'hormones de stress, d'adrénaline et de dopamine, ainsi qu'un accroissement du débit sanguin et une contraction souvent imperceptible des muscles. À la longue, elles épuisent le système immunitaire. Cf. Arthur Janov, *La Biologie de l'amour*, éditions du Rocher, 2001, et Marie Lise Labonté, *Le Déclic*, *op. cit.*, p. 48.

et vous. Votre SNC réagit au plaisir de vous voir sur la plage... mais l'onde de plaisir est moins intense. J'ai observé que les individus qui se sont cuirassés pour des raisons de survie dans leur petite enfance vivent leur vie en mode dissocié. Ils maintiennent à distance autant le plaisir que le déplaisir. Ils se protègent constamment ainsi que leurs sens, ce qui a pour effet à la longue d'altérer ces derniers. Il leur est donc plus difficile de contacter leur monde intérieur et de communiquer avec le monde extérieur. Ils sont jugés plus froids, plus distants que les personnes qui fonctionnent en associé qui, elles, seront perçues par les autres comme étant plus chaleureuses, spontanées et accueillantes.

Lorsque la personne qui fonctionne dans un mode dissocié visualise son processus de guérison, l'impact de cette guérison dans son corps est plus lent, car il y a dissociation, donc protection. Le dialogue avec les images intérieures est plus difficile. Ces dernières prennent plus de temps pour monter à la surface de l'iceberg.

Il existe aussi un type 3 Dissocié → Associé. Ce sont des gens qui ont la capacité spontanée de discerner s'ils doivent s'associer ou se dissocier face au matériel de l'inconscient ou face aux événements de la vie. Ces personnes vont débuter par un mode et le réajuster si l'image ou l'événement est agréable ou désagréable. Ils ont une forme de souplesse intérieure qui le leur permet. Reprenons la visualisation de la plage de rêve : ce type de personne commencera par voir la plage sur un écran (mode dissocié, la personne se protège) et, comme cette vision est agréable, elle poursuivra en s'y associant spontanément (en enlevant sa protection pour ressentir encore plus le plaisir).

Il existe enfin un type 4 Associé → Dissocié. Ce sont des gens qui auront le réflexe spontané de s'associer. Pour reprendre notre exemple, ils seront directement sur la plage et puisque c'est agréable, ils y resteront ; en revanche, si le plaisir pour une raison quelconque se transforme en désagrément, ils vont automatiquement se dissocier. Ils auront le réflexe de se défendre face à une image désagréable.

Ces types de fonctionnement correspondent à des réactions inconscientes, acquises en fonction du développement de la personnalité et de tous les facteurs mentionnés plus haut. Si vous devenez conscient de votre type de fonctionnement, vous pourrez agir plus facilement sur votre monde intérieur. Les chapitres qui suivent vous expliqueront comment s'y prendre.

Les sous-modalités de nos images intérieures

Les sous-modalités sont les expressions que prend l'image dans son cadre sensoriel. Par exemple, vous me dites que lors d'une relaxation vous est apparue l'image d'un homme vêtu d'une cape. Je vous demande comment était cet homme : grand ? petit ? gros ? mince ? et la cape, était-elle longue ? ample ? ouverte ? fermée ? et sa texture ? et sa couleur ? Je vous questionne sur les sous-modalités de votre image visuelle. Il en est de même avec une image auditive. Vous me dites que vous entendez un son récurrent qui se présente à un moment précis de votre relaxation. Je vous questionne sur le son : est-il près ? lointain ? quel est son volume ? quelle est sa tonalité ? aiguë ? grave ?

Les sous-modalités sont importantes car elles renseignent sur l'intensité et sur la force du contenu du message que l'inconscient tente de faire passer. Par exemple, dans les images d'enfermement qui seront décrites au prochain chapitre, les sous-modalités vont nous permettre de connaître le degré de l'enfermement. Il en est de même pour les images de guérison. Les sous-modalités vont nous renseigner sur la qualité des images que l'individu visualise et ses résistances à la guérison. Plus les images auront de qualité et de force et plus le potentiel de guérison sera prometteur et une onde de plaisir, de joie sera communiquée par le système nerveux central au corps en entier. Par exemple, si je me visualise dans un endroit de rêve et que j'y suis, je sens les odeurs. Je goûte au plaisir d'être là. Mon corps va vibrer directement à mon association et mon système nerveux va envoyer une onde de plaisir. Si je me vois avec distance dans mon endroit de rêve, que je ressens à peine le bien-être de m'y trouver et que j'arrive difficilement à sentir ses parfums, je n'obtiendrai pas les mêmes résultats : mon cerveau ne pourra pas me renvoyer une onde de plaisir et de détente aussi intense que dans le cas précédent.

4

Les images d'enfermement

Les images d'enfermement viennent de notre monde intérieur et se manifestent à nous avec des intensités différentes, sous la forme d'images récurrentes chargées d'un contenu émotionnel et psychique important. Peu importe la porte sensitive qu'elles utilisent pour communiquer : elles dévoilent par leur nature, leur symbolique et leurs modalités un enfermement, un emprisonnement, une fixation.

Attention, ces images intitulées images d'enfermement (IE) n'ont rien à voir avec un traumatisme d'enfermement réel. Ici le mot fait référence à la capacité que nous avons tous, à travers la personnalité consciente et préconsciente, de nous enfermer ou de nous emprisonner dans des conditionnements, croyances, émotions et situations de la vie quotidienne. Les images d'enfermement sont l'expression d'un réel enfermement psychique (compulsions, dépression, fixations, névroses), émotionnel (ressentiment, rage, désespoir, tristesse) et physique (tensions chroniques, maladie, accidents à répétition, tics nerveux, démangeaisons chroniques).

L'enfermement psychique et physique

Voyons d'abord la nature de l'enfermement. Pour Jung, notre « moi conscient », ce sommet de l'iceberg, est en lui-même un complexe[1]. Notre personnalité, notre « moi conscient », a comme fonction propre de chercher à maintenir l'équilibre entre notre monde intérieur et le monde extérieur. Il tire sa capacité d'adaptation, de gestion du stress à la fois du milieu extérieur et du monde intérieur. Par le fait, le moi a aussi comme fonction de s'identifier et de se fixer dans son identité pour soi-disant sécuriser et maintenir le contrôle d'une situation qui serait intolérable. Il tente de rendre tolérable l'expérience de la vie. C'est pourquoi il peut reléguer dans la partie cachée de l'iceberg (l'inconscient) un souvenir ou une expérience qui serait intolérable de revivre.

En gérant, en adaptant et en filtrant le matériel conscient et inconscient, le moi se protège de ce qui pourrait perturber son équilibre. Cette protection peut prendre bien des formes[2] : refoulement, banalisation, projection…

Bien que toutes ces capacités de réaction aient pour but le bien de l'individu, à la longue, les protections qu'elles installent peuvent devenir réductrices, limitatives, jusqu'à créer un enfermement.

La partie consciente de notre personnalité, le moi, agit aussi comme un filtre ou une membrane qui respire au sein de l'univers beaucoup plus vaste qu'est le Soi[3]. Le Soi (*Self*) est comme un réceptacle psychique qui serait en communication

---

1. Un complexe est un ensemble d'émotions, de mémoires et de pensées associées autour d'un noyau énergétique agissant dans la psyché comme une sous-personnalité d'autant plus autonome qu'elle est inconsciente. Dans l'acception freudienne, l'expression « être complexé » est péjorative. Mais pour Jung, les complexes sont partie intégrante de la dynamique psychique et ne posent problème que lorsque l'un d'eux empiète sur les autres, mettant ainsi en péril l'équilibre psychique. Voir la théorie des complexes dans Carl Gustav Jung, *L'Homme à la découverte de son âme*, Albin Michel, 1984.

2. Cf. Marie Lise Labonté, *Le Déclic*, *op. cit.*, p. 28 et 29.

3. Le Soi est le véritable centre de la personnalité, son noyau originel et le principe d'ordre qui organise la psyché. Il regroupe conscient et inconscient dans une totalité qui les dépasse. Voir chapitre 15.

Quelques formes de protection

Le refoulement : c'est un mécanisme qui permet à la personnalité de contenir dans l'inconscient des souvenirs trop menaçants ou trop douloureux pour être intégrés.
La banalisation : ce mécanisme permet de minimiser une expérience douloureuse ou heureuse, qui semble menacer la personnalité.
La projection : elle permet de rejeter vers l'extérieur ce qui est vécu à l'intérieur, comme des sentiments, des désirs et des qualités. Ainsi, on peut attribuer aux autres des humeurs ou des traits de caractère qui sont les nôtres. Exemple : je pense que les autres sont tristes parce que je le suis, sans vouloir me l'avouer.

avec les autres, l'inconscient collectif, le cosmos et l'univers. Dans notre Soi repose un réservoir d'amour universel et inconditionnel, représentatif de l'aspect divin de soi-même. La personnalité consciente, le moi, s'il est libre et individué[4], peut puiser au potentiel du Soi pour se nourrir à sa propre source créatrice. Toutefois, d'un filtre souple, le moi peut se transformer en une prison avec pour barreaux des cuirasses[5] qui s'inscrivent jusque dans la chair du corps physique. Ce phénomène s'appelle l'induration[6].

Dans mon livre *Le Déclic*, je décris la manière dont, en construisant notre personnalité à partir de notre vécu, depuis notre vie intra-utérine, notre naissance jusqu'à notre vie adulte, nous nous séparons de notre nature réelle, de notre élan vital pour faire face aux agressions du milieu environnant et pour satisfaire aux conditionnements du milieu familial. Notre

4. L'être humain « individué » a retrouvé l'axe moi-Soi qui lui permet d'être pleinement lui-même sans souscrire aux modèles collectifs ni occulter sa nature et son vécu réels.
5. Cf. Marie Lise Labonté, *Au cœur de notre corps*, *op. cit.*
6. Voir note p. 64.

personnalité consciente s'éloigne alors de sa nature profonde et développe des fausses personnalités. Ces dernières deviennent de plus en plus rigides au fur et à mesure que nous grandissons pour la simple raison que nous nous identifions à elles, nous en faisons notre identité. Ce « faux » moi peut vouloir à tout prix contrôler la nature profonde de l'individu ou ce qui a été relégué dans l'Ombre[7] parce que cette énergie des profondeurs est inconnue et crée de l'insécurité.

Prenons le scénario typique de la bonne fille ou du bon garçon qui, un jour, « craque » devant sa famille. Imaginez pendant quelques secondes que toute votre vie, vous avez été cette bonne fille ou ce bon garçon certain de plaire et de rendre les gens autour de vous heureux. Toute pulsion de colère, justifiée ou non, est retenue dans votre corps et renvoyée dans le préconscient ou votre inconscient jusqu'au jour où « vous n'en pouvez plus » et, lors d'une réunion de famille dominicale, « vous pétez les plombs ». Vous osez exprimer devant votre famille votre colère retenue depuis des années. Il est fort possible que cette soudaine expression de colère refoulée vous soulage sur le coup, puis par la suite vous rende malade jusqu'à en vomir. Si cette colère était enfermée en vous depuis vingt-cinq ans, son passage peut provoquer quelques réactions du SNC (système nerveux central), tels des tremblements, des sueurs froides et une sensation de nœud au plexus.

Pour votre entourage familial qui ne vous connaît pas sous cet aspect, c'est la surprise générale, suivie de jugements sur votre comportement ou sur vos hormones.

Vous vous excusez, car vous ne comprenez pas vous-même ce qui se passe et vous vous retirez. Vous montez dans votre voiture et vous vous sentez mal, très mal. Vous vous repro-

---

7. L'Ombre regroupe les aspects de la personnalité qui n'ont pas été vécu et qui, étant refoulés ou ignorés, poursuivent leur existence dans l'inconscient. Voir chapitre 15.

chez alors d'être une « mauvaise fille » ou un « mauvais garçon ». Vous revoyez le visage défait de votre mère, les yeux réprobateurs de votre frère. Vous culpabilisez, vous rentrez chez vous et vous dévorez la boîte de biscuits au chocolat ou vous videz votre paquet de cigarettes tout en vous promettant de ne plus recommencer. Vous êtes aux prises avec un enfermement psychique qui se nomme en jargon psychologique le complexe de la bonne fille ou du bon garçon.

Il existe plusieurs formes d'enfermement psychique. Pour en citer quelques-unes :

– le désir fou qu'a la personnalité de s'attacher à des choses, à des êtres, à des animaux, à des situations pour les contrôler : ce désir de contrôle est l'expression d'une grande insécurité à être soi-même et à ressentir quelquefois le vide, ou le décalage ou la séparation d'avec soi-même[8] ;

– des comportements compulsifs qui sont l'expression d'un besoin pour la personnalité de se « défouler » du trop-plein de l'enfermement ;

– des complexes, des croyances qui démontrent que l'individu est « borné » à une vision étroite de la réalité et est esclave de comportements répétitifs dont il n'arrive pas à se défaire.

L'enfermement psychique peut aussi être créé pendant la phase d'endurance d'un stress répétitif, phase où l'individu s'enferme dans son corps et en lui-même pour résister à une agression constante venue de son milieu professionnel ou familial.

Il se révèle par des signes de nuit comme des rêves récurrents où l'individu vit des situations d'emprisonnement dans le rêve ou le cauchemar, ou par des signes de jour : accidents à répétition, chutes récurrentes, régions du corps qui sont toujours blessées. Il en résulte des manifestations corporelles telles que des symptômes chroniques, des tensions à répétition ou encore des maladies. Ces différents signes d'enfermement

8. Cf. Marie Lise Labonté, *Le Déclic*, *op. cit.*, chapitre 2, 3 et 4.

psychique ou physique ont leur expression et leur représentation dans le monde des images intérieures.

La nature et la source des images d'enfermement

Les images d'enfermement s'expriment à travers la représentation concrète ou symbolique de nos sens et des modes associé ou dissocié. Il est facile pour un individu qui développe la conscience de ses images intérieures de les repérer car elles possèdent une forte charge émotionnelle, physiologique et psychique. Toutefois, rappelez-vous que si vous êtes dissocié, vous ressentirez moins fortement une image d'enfermement que si vous êtes associé.

La nature de l'image d'enfermement se trouve liée à un enfermement psychique ou physique vécu. Souvent, l'individu n'est pas conscient qu'il est enfermé dans sa relation avec son monde intérieur et le monde autour de lui. Les images d'enfermement peuvent être préconscientes ou inconscientes car elles proviennent de la personnalité indurée, qui s'est enfermée lors de sa construction dans ses complexes (conditionnements, croyances, fixations, identifications et protections[9]). Lorsque l'énergie vitale qui circule en nous est retenue et refoulée, elle se retourne sur elle-même, redoublant de force. Elle communique avec notre monde intérieur par des impressions de cloisonnement, d'étouffement et d'angoisse.

Le langage de l'IE est fort simple : elle transmet à la personnalité consciente une idée d'enfermement, d'emprisonnement, de limitation, d'étouffement, de réduction de la vie, de la spontanéité, de l'élan.

---

9. « Le moi en présence du Soi possède une respiration qui lui est propre. Telle une membrane dont la fibre serait souple (état de fusion), trop ténue (état d'inflation) ou trop rigide (état d'induration), la personnalité a une capacité d'élasticité et de contraction, de la fusion à l'induration. » Cf. Marie Lise Labonté, *Le Déclic*, *op. cit.*, p. 30 et suiv.

La source de l'image d'enfermement, qu'elle s'exprime sous une forme symbolique ou par la représentation concrète d'un souvenir ou d'une association, est l'« induration », c'est-à-dire la contraction par laquelle on a réagi à l'occasion d'un événement stressant, d'une expérience de vie intolérable ou d'un sentiment intérieur destructeur. Cette tension est inconsciente.

Pour qu'une image d'enfermement atteigne le rivage de la conscience d'un individu, elle a dû se libérer des couches de l'inconscient vers le « moi conscient » en passant par le préconscient.

Le chemin peut s'exprimer par une montée spontanée d'images intérieures, retour d'un souvenir occulté, par un rêve ou par un événement qui nous « rentre dedans » dans le quotidien. Peu importe la manière qu'elle prend pour se présenter, lorsque l'IE arrive à la conscience d'un individu, c'est pour être entendue, reconnue et accueillie. Elle est riche d'informations sur l'enfermement que vit cette personne ainsi que sur sa source. Elle manifeste un réel désir et un réel besoin de communication entre le monde intérieur de la personne et la surface de sa personnalité.

Malheureusement, chez un individu coupé de son monde intérieur et qui considère son inconscient comme dangereux ou étranger, cette communication ne sera pas accueillie par son ego. L'image d'enfermement sera vite renvoyée dans le préconscient pour y être stockée. Le préconscient va alors se charger à son tour de cette énergie en attente de communication, et le corps passera par un langage symptomatique pour attirer l'attention de son propriétaire. Les rêves (signes de nuit) et les signes de jour seront de plus en plus présents pour signifier ce besoin venu de l'inconscient et de la nature profonde de l'être, pour faire entendre qu'il y a enfermement, emprisonnement.

La personnalité consciente, l'ego peut choisir de faire la sourde oreille jusqu'à ce que les symptômes deviennent comme des cris d'appel. Plus l'individu refoule les images d'enfermement, plus ces cris deviennent pressants. Les rêves le signifient par des images de raz de marée, de cyclone, de feu destructeur, d'accident, d'attaque de l'Ombre[10], des cauchemars à répétition. Ces cris d'appel peuvent également se manifester par un état de dépression soudain ou par un sentiment d'angoisse, d'étouffement qui à la longue devient de l'angoisse chronique jusqu'à l'agoraphobie. Un lien de terreur se bâtit face à l'inconscient ou au dialogue intérieur ou à l'inconnu. L'individu peut aller jusqu'à conclure que le langage avec son inconscient est un langage de communication violente quand, tout au contraire, l'inconscient demande qu'il s'occupe de son enfermement intérieur pour le guérir et le libérer. Quand l'individu se met à craindre ainsi les messages de son inconscient, il se crée un double enfermement qui ressemble à ce langage : « J'ai peur de moi, je me ferme face à mes symptômes. »

À quel prix l'ego fait un semblant d'économie d'énergie quand il « s'enferme » face à l'enfermement ? Vous n'imaginez pas l'énergie qu'il utilise en fait pour ne pas entendre. J'ai constaté dans ma pratique, et aussi dans ma propre histoire, les efforts faits par la personnalité consciente pour se boucher les oreilles, se fermer les yeux, pincer son nez, fermer son corps et sa bouche, comme dans l'histoire des trois petits singes[11].

---

10. Cela peut prendre la forme d'un individu menaçant ou d'une bête féroce poursuivant le rêveur ou lui tendant un traquenard, scènes d'agression qui représentent alors le retour sur le devant de la scène de parties refoulées ou ignorées de la personnalité. Voir chapitre 15.

11. « Ne rien voir, ne rien entendre, ne rien dire » est la devise des trois petits singes de la mythologie japonaise : l'un se cache les yeux, le second se bouche les oreilles, le troisième couvre sa bouche de sa main. C'est un précepte bouddhiste de prudence devant le mal, que Gandhi avait fait sien, mais aussi l'image d'un aveuglement volontaire devant les difficultés de l'existence. Pour plus d'informations, voir : http ://www.encyclopedie-enligne.com/s/si/singes_de_la_sagesse.html.

J'ai aussi constaté comment l'énergie se libère, lorsqu'un patient se permet enfin d'accueillir ses images d'enfermement. Il est souvent surpris de vivre une telle libération et se demande comment il a pu vivre avant avec cette terreur de reconnaître ce qui est là, présent dans son monde intérieur et extérieur. Lorsque l'IE est enfin reconnue, sa charge diminue et son expression devient moins angoissante. L'individu découvre que ce que l'image tente de communiquer n'est pas aussi effrayant qu'il le croyait. Toutefois, son premier réflexe sera tout de même de juger ces IE négatives et de les nier, quand au contraire les accueillir est la meilleure solution pour se libérer de son carcan. Par la suite il sera plus facile de les transformer et de les guérir.

Souvenez-vous que l'ego ou le moi conscient induré n'aime pas l'inconfort, l'inconnu, ce qui lui semble impalpable. Il aime contrôler et rester au centre de son univers restreint qu'il peut constamment mesurer et dont, par le fait, il peut voir les limites.

Le langage des images d'enfermement

Le langage de ces images est un outil pour informer le préconscient et la personnalité consciente du sujet de l'existence d'un état psychique d'enfermement non reconnu par la personnalité consciente. Ce langage utilise la représentation symbolique, les images collectives, la résurgence de souvenirs de la vie fœtale jusqu'à l'adolescence, et les images collectives d'enfermement. Voyons à quoi il ressemble.

Les symboles utilisés par l'inconscient

Les symboles d'enfermement sont multiples et prennent plusieurs aspects selon les associations que l'individu fait en relation avec son vécu inconscient ou préconscient.

L'enfermement s'exprime d'abord par des symboles représentatifs de l'étouffement ou de la sensation d'être pris. Nous retrouvons là le crabe, le homard ou encore l'araignée, le mille-pattes. Les sous-modalités vont venir insister sur la force de l'emprisonnement. Par exemple, je peux voir apparaître dans un dialogue avec mon inconscient une araignée qui vient vers moi à toute allure. Elle peut être toute petite ou très grosse. Une petite ou une grosse araignée n'ont pas le même effet sur la personnalité consciente, ni la même force de langage. L'araignée peut être noire, velue, avec d'énormes pattes... ces caractéristiques sont encore des sous-modalités du symbole reflétées par l'inconscient. Ce n'est donc pas uniquement le symbole qui instruit sur la sensation inconsciente d'être emprisonné mais aussi les modalités (associé, dissocié) et les sous-modalités (couleurs, formes...).

Les modalités et sous-modalités de l'image

L'inconscient utilise des sous-modalités, comme le montre l'exemple précédent, pour exprimer la force de l'emprisonnement. Il est donc important de prêter attention au langage de l'image d'enfermement dans sa forme autant que dans son contenu pour réellement saisir la portée du message.

L'image intérieure d'enfermement arrive souvent en mode associé : elle envahit tous les systèmes du corps parce qu'elle est vécue en direct. L'individu se sent avalé par une grosse araignée ou agrippé par la pince d'un crabe. L'impression est forte parce qu'elle se vit en direct, sans filtre ni protection. Il semble que l'image d'enfermement utilise un mode de communication direct qui attire l'attention de la personnalité.

Le rappel d'un souvenir représentatif d'enfermement

La montée d'un souvenir occulté ou logé à la frontière du préconscient peut survenir pour révéler à l'individu qu'il vit un enfermement similaire dans son quotidien. Ce souvenir appartient souvent à un moment de son enfance où l'individu s'est senti emprisonné, isolé dans une pièce noire, puni sévèrement. Si la mémoire d'une telle expérience vient à son conscient sans qu'il y ait de lien logique apparent avec son quotidien présent, c'est que le langage de l'inconscient concerne un lien que l'individu ne peut percevoir parce qu'il se joue à un niveau profond de son être. Il est important de considérer le lien possible entre le moment présent et le message de l'inconscient dans la résurgence d'une mémoire.

Pour se désensibiliser d'une IE, il est suggéré au patient ou client de tenter de se dissocier (prendre une distance, dissociation), reculer l'image, éloigner le son, éloigner de son corps les sensations. Supposons que je visualise dans un état de relaxation l'image d'une araignée noire. Cette araignée est immense et me fait peur, j'ai l'impression qu'elle va me dévorer. Pour la désensibiliser, je peux l'éloigner, la réduire et la rendre de couleur blanche. Grâce à la transformation des sous-modalités je change ma relation à l'image et je suis davantage en mesure de dialoguer avec elle. L'intervenant en « Images de Transformation » suggérera le mode dissocié : il demandera à son patient d'éloigner l'image qui se présentera à lui, de l'imaginer par exemple comme s'il était dans une salle de cinéma à la regarder sur un écran devant lui, il aidera ainsi le patient à prendre une distance avec son IE pour pourvoir l'accueillir et s'en guérir.

Les différents types d'images d'enfermement

Il existe différents types d'expression de l'enfermement : les scénarios de destruction, les scénarios exutoires, la programmation négative, la remontée du souvenir d'un événement blessant, le flash sensoriel récurrent d'un visage, un objet ou une portion de souvenir désagréable, l'image collective d'emprisonnement et la vision apocalyptique.

Ce qui différencie les images d'enfermement des autres images, c'est que leur expression est limitative, récurrente et douloureuse pour l'individu. Le corps y réagit par une tension, une contraction qui est l'expression directe de l'emprisonnement.

Les scénarios de destruction

L'enfermement psychique (contraction mentale, fixation dans un complexe, croyances réductives, angoisse, inhibition de l'action) ou physique (douleur chronique, tensions répétitives, accident à répétition, maladie) s'exprime par des scénarios récurrents de destruction. Ces scénarios sont soutenus par l'énergie d'enfermement et d'impuissance qui est là présente dans la psyché et le corps de la personne. Ils se tiennent à la limite de la conscience, dans le préconscient, et nourrissent le quotidien de la personne. Leur principale difficulté, c'est qu'ils représentent la projection, soit dans le futur soit dans le passé, de doutes, de sentiments contradictoires de persécution et de victimisation. J'en décris certains dans le premier chapitre : dans une forme de rêve éveillé, je m'imaginais comme une réelle victime de la maladie, souffrant encore plus, détruisant mes relations et ma vie. J'entretenais moi-même ces scènes de destruction en me repassant le film intérieurement.

Les scénarios exutoires

De la même façon que les scénarios de destruction, ils naissent du sentiment d'être enfermé dans un état sans issue et qui crée l'impuissance. Le moi conscient, pour survivre à cette situation pénible dont il a perdu le contrôle, crée une soupape en proposant des solutions destructrices telles que :

– l'amputation ;

– la mort : « C'est trop douloureux, je préfère mourir » ;

– le suicide : « C'est insoutenable, je préfère m'enlever la vie » ;

– l'agression : « Cette personne me détruit, je voudrais la tuer » ;

– la fugue : « Je ne peux plus vivre une telle situation, je vais fuir à l'autre bout du monde ».

Ces scénarios ne se vivent pas nécessairement, ils permettent toutefois de soulager le trop-plein d'un stress continuel qui est subi par l'individu.

Qu'est-ce qui les différencie d'une simple pensée ? C'est que l'individu leur accorde du temps, de l'énergie, et les entretient pour soulager son impuissance, son désespoir ou son inhibition dans l'action. En ce qui me concerne, au plus fort de ma maladie, je me voyais amputée de la jambe souffrante. J'avais l'impression que je pourrais me soulager ainsi de la douleur à jamais.

La programmation négative

La programmation négative est le résultat d'un état de fixation dans la destruction. Elle est l'expression directe de l'autodestruction. Non seulement l'individu se sent enfermé et impuissant mais il va projeter ces états sur le futur : il va s'imaginer que des événements difficiles vont lui arriver, qu'il va perdre son emploi, son argent, sa famille, ses biens... Dépendant de la source de son stress extérieur, il va y ajouter une tension intérieure en se programmant pour le pire. Moi-même, je me suis programmé des conséquences post-opératoires graves juste avant une opération du genou. J'y croyais tellement que ces scénarios se sont manifestés. Le plus malheureux, c'est que l'individu y croit. Cette réaction de projection négative dans le futur lui évite quelquefois de trop souffrir, au cas où quelque chose de réellement douloureux lui arriverait.

Cette réaction peut aussi être l'expression d'un ressentiment profond de la part de l'individu. C'est aussi un mécanisme de protection face à la blessure réelle qui est logée là, dans le cœur et le corps de l'individu, un mécanisme qui n'est pas conscient, mais préconscient. Grâce à lui, l'individu peut en tout temps devenir conscient de ses projections négatives sur le futur et les stopper, car ce processus d'autodestruction ne fait qu'entretenir un déséquilibre du corps et par le fait même de l'esprit.

La mémoire ou le souvenir d'événements blessants

Dans la vie fœtale, à la naissance, dès les premiers mois de vie ou dans la petite enfance, nous avons tous connu des moments où nous avons eu la sensation d'être emprisonnés, limités et retenus. Cette impression, si elle a perduré dans le temps, a marqué notre cerveau limbique. À partir de là, nous avons bâti une tension instinctive et par la suite une cuirasse, une armure, une défense. Notre personnalité consciente a enfoui dans l'inconscient ces souvenirs désagréables jusqu'à les occulter. Toutefois, ils sont toujours présents dans notre monde intérieur et limitent notre potentiel vital. Car ils contiennent une charge psychique et physique qui est retenue.

Ils peuvent venir spontanément à la surface de notre préconscient et de notre conscient par la seule expérience d'un stress extérieur qui viendra stimuler la mémoire du passé jusqu'à submerger la personnalité consciente. Pour celle-ci, c'est un état effrayant. Le premier réflexe sera de se contracter psychiquement et surtout physiquement pour se protéger du déferlement. Quelquefois, la remontée des souvenirs est tellement forte que l'individu n'arrive plus à faire face. Vient alors la tendance à nier l'état de « trop-plein » et à tenter de garder la tête au-dessus de l'eau.

Une autre tendance sera de refouler ce qui vient spontanément, de le ridiculiser, de le banaliser en se disant « J'hallucine ! » Cette réaction est une réaction de défense, un désir de se protéger d'une réalité trop douloureuse qui avait été mise au rancard justement parce que trop « douloureuse ».

Prenons l'exemple de Paule, une de mes anciennes élèves. Elle avait perdu sa mère dans des conditions tragiques lorsqu'elle avait dix ans. Elle se souvenait vaguement de l'histoire et elle portait en elle une profonde tristesse, un manque, un chagrin qui marquait son visage de rides malgré ses trente ans. Un jour, lors d'un partage de groupe, une de mes élèves a ressenti le besoin de nous parler de la mort de sa sœur, qui venait de se produire la semaine précédente. Alors que cette élève décrivait ce qu'elle avait vécu, Paule a lâché un hurlement car soudainement elle venait de revivre un événement qui avait été intolérable pour elle. Dans le climat de confiance qui est celui de la formation, elle a enfin pu libérer le réel souvenir de la mort de sa mère et non pas ce qu'on lui avait raconté sur cette mort. Évidemment, Paule est restée dans un état de submersion pendant quelques heures : elle était toutefois en sécurité parmi nous, et elle avait pu libérer ce trop-plein qu'elle refoulait depuis vingt ans.

En cas de réel débordement, nous recommandons d'écrire pour mieux vider le trop-plein d'un souvenir. Cela aura pour effet d'éviter de le stocker dans le préconscient et ainsi de créer des troubles plus grands. Si cela n'est pas suffisant, il est alors important de consulter un thérapeute en « Images de transformation® » ou un psychanalyste jungien ou tout autre intervenant formé au dialogue avec l'inconscient, pour se faire aider dans cette communication avec des aspects occultés qui deviennent visibles, pour une meilleure relation entre le moi conscient et l'inconscient de l'individu.

Dans la méthode « Images de Transformation® », nous utilisons l'imagerie réceptive et l'imagination active [12] pour aider la libération du souvenir et par la suite aider l'individu à s'en guérir.

Le flash sensoriel

Le flash sensoriel est une résurgence de souvenirs occultés [13]. Prenons l'exemple d'un de mes patients, Alexandre, qui avait été victime d'agressions sexuelles de la part de sa gardienne lorsqu'il était tout petit. Ces agressions avaient laissé des marques physiques sur son sexe. Mais Alexandre avait totalement occulté ces événements jusqu'au jour où il vit un film dans lequel on menaçait de couper le sexe d'un homme avec un sabre. Dès la sortie du cinéma, Alexandre se mit à avoir des flashs visuels où il voyait une femme l'agresser. Dans la soirée, ces flashs se répétèrent, avec une grande violence. Il ne pouvait pas croire que cela lui était arrivé. Le lendemain, il prit un rendez-vous d'urgence avec moi et nous avons entamé la « désoccultation » de son agression. L'inconscient sait par le biais de l'intelligence corporelle que la résurgence brutale des événements occultés serait trop désta-

12. Voir note p. 41.

13. L'occultation psychologique est ce mécanisme de survie par lequel les souvenirs menaçant l'équilibre psychique sont cachés à la conscience tant qu'elle n'est pas capable de les intégrer.

bilisante : il envoie donc des flashs d'information pour attirer l'attention de la personnalité consciente. Il faut rester suffisamment présent à soi-même pour les reconnaître et les étudier car ils sont riches d'indications. S'ils se manifestent dans le quotidien, c'est que l'information est importante et a besoin d'être entendue : les flashs sont les signes précurseurs d'une demande de communication du monde intérieur. En « Images de Transformation® », l'intervenant les étudiera grâce à l'imagerie réceptive et à l'imagination active[14].

L'image de référence collective

Les images de référence collectives d'emprisonnement ou d'enfermement sont utilisées par l'inconscient pour informer de la réalité d'un emprisonnement psychique ou physique. Je vais en citer quelques-unes :

– d'ordre visuel : une prison, une cellule de moine, un carmel, des barreaux, des cadenas, des armures, un cloître ;

– d'ordre auditif : un son aigu, étourdissant, un gong, une sonnerie d'alarme, la sirène d'une ambulance, la cloche d'une église, le glas ;

– d'ordre kinesthésique : sensation d'étouffement, d'étroitesse, de lourdeur, de grande chaleur ou de grand froid, d'irritation cutanée, d'enflure, de sécheresse ;

– d'ordre olfactif : odeur de putréfaction, de moisissure, de cachot, de brûlé ;

– d'ordre gustatif : goût amer, métallique, acide. Ce sont des images qui sont reconnues collectivement comme représentations d'une réalité difficile.

14. Voir chapitres 8 et 14.

La vision

La vision est une image forte qui s'impose lorsque le « moi conscient » s'y attend le moins. Cette image peut en fait utiliser n'importe quel sens, et parfois même deux ou trois à la fois.

Elle s'impose, et elle informe. Par exemple, lors de ma maladie, dans mon propre processus d'auto-guérison, c'est une vision d'enfermement qui m'a fait réagir. Je l'ai appelée la vision de la « vieille femme ». Elle m'a profondément marquée, au point que j'ai choisi de transformer ma vie et d'oser aller vers l'inconnu de la guérison. J'ai osé prendre les outils qui étaient là à ma portée, mais qui n'impliquaient que moi face à moi-même.

La vision donne une information très claire sur les possibilités futures dans le sens de la destruction ou de la guérison. Elle représente une annonce irréfutable par son côté véridique et authentique. Elle n'est pas le fruit de l'imagination ou d'une prémonition, elle est une information simple envoyée par le Soi ou la partie intacte de nous qui nous informe sur la situation. C'est une information directe et dénuée de jugement. L'être en entier ressent sa justesse, c'est pourquoi elle interpelle. Ce que la personnalité décide d'en faire, ce n'est pas important pour le Soi ou cette partie de nous qui sait. Le plus important, c'est que l'information a été véhiculée jusqu'au conscient. Souvent une vision d'enfermement est le point de départ d'un *déclic* très important.

La vision ne peut pas se provoquer, ou venir par la volonté du moi conscient qui « veut savoir » ou « tente de contrôler ». Tout au contraire, la vision vient lorsqu'on s'y attend le moins, et de manière totalement spontanée.

5

Les images de guérison

Les images de guérison viennent de la profondeur de l'être. Une fois qu'il s'est dégagé de ses enfermements, l'individu entre en contact naturellement avec ces images qui vont nourrir, inspirer et même guider sa marche vers la guérison.

Elles sont à l'opposé des images d'enfermement dans leur expression – clarté et limpidité pour les images visuelles, douceur et sensations agréables pour les images kinesthésiques, enveloppement pour les images auditives, parfum enivrant pour les images olfactives, goût suave et raffiné pour les images gustatives. Les images de guérison peuvent venir en mode associé, c'est-à-dire être vécues directement dans le corps sans un filtre de protection, ou en mode dissocié avec un filtre de protection, parce qu'elles font parfois peur ou qu'elles semblent trop puissantes ou impossibles à vivre pour celui qui visualise.

Nicolas et moi privilégions le mode associé car nous avons observé dans nos pratiques respectives que lorsque les images de guérison sont vécues directement dans le corps, la guérison est plus concrète, palpable, avec des résultats à l'appui. Il a d'ailleurs été prouvé statistiquement[1] que si vous vous

1. Cf. Dr Carl Simonton, Stephanie Matthews Simonton, James Creighton, *Guérir envers et contre tout*, *op. cit.*

associez (mode associé) totalement à ces images, les probabilités d'une guérison plus rapide seront plus élevées.

Il est habituellement aisé pour un individu d'entrer en mode associé avec une image de guérison, c'est-à-dire de s'y fondre, à moins que cette personne ait une résistance à guérir, ce dont nous parlerons dans les chapitres qui suivent.

La guérison

Lorsque la personnalité se libère de ses enfermements, de ses cuirasses, de ses fixations, l'énergie vitale, l'énergie d'amour retrouve sa libre circulation dans l'être. L'individu se retrouve alors muni d'une plus grande puissance d'aimer et de créer. Là où avant il n'avait pas de solution possible, vient spontanément une solution. Là où avant il y avait un nœud, le nœud se défait par lui-même. Là où avant il y avait une tension, cette tension se relâche pour laisser la place à une détente, une fluidité, une ouverture. Là où il y avait autodestruction, il y a auto-réparation. Qu'est-ce qui déclenche la libération de l'énergie de guérison ? La libération des images intérieures d'enfermement, le dialogue avec soi, l'ouverture à son monde intérieur, à cette richesse profonde qui est inhérente à l'être, c'est-à-dire le contact avec sa propre divinité.

L'énergie de guérison est toujours là présente en nous, tout comme notre capacité de vivre et d'aimer qui est aussi là présente, constamment présente. Toutefois, nous n'y avons pas accès parce que nous sommes obnubilés consciemment ou inconsciemment par nos blessures, notre souffrance, nos attachements et nos enfermements. Souvenez-vous qu'à travers notre personnalité contractée, étouffée, nous avons le pouvoir de nous identifier à la douleur ou à la maladie et de croire que nous ne sommes que cela. « Je suis un cancéreux, je suis un diabétique, je suis un ex-alcoolique. » Une des fonctions du moi est de chercher constamment à s'identifier à... De plus, nous avons appris dès notre enfance à fuir les blessures du système familial et à nous protéger de nous-mêmes. Ces blessures, ces protections, nous les avons reléguées dans notre subconscient car notre famille a aussi de la difficulté à les reconnaître. Le résultat, comme je le disais dans le chapitre précédent, est que nous nous séparons de nous-même jusqu'à divorcer de qui nous sommes.

Combien de fois, dans ma pratique, ai-je rencontré des gens qui se disaient incapables d'aimer pour des raisons qu'ils ignoraient ? Ces raisons étaient pourtant là, tangibles dans leur corps cuirassé et dans les aspects inconscients de leur personnalité.

Lorsque notre personnalité est enfermée, il est difficile d'aller respirer l'énergie de nos profondeurs. La contraction du corps et de l'être limite l'accès à la possibilité de ressourcement qui est en nous.

Imaginons le scénario suivant. Vous êtes une femme en train de faire du shopping et, comme vous ne voyez pas de près, vous cherchez vos lunettes pour lire le prix sur les étiquettes. Mais comme votre vision est limitée, il vous est difficile de voir les objets dans votre sac à main. Vous allez alors instinctivement utiliser un autre sens, par exemple le toucher, et palper les objets sous vos doigts pour distinguer vos lunettes dans le fouillis de votre sac à main. Si vous ne les retrouvez pas, vous vous contractez, votre corps devient tendu, et vous vous énervez encore davantage, vous réduisez ainsi la communication de vos sens. Vous finissez par vous décourager. Pendant ce temps, vos lunettes étaient accrochées à votre cou et vous l'aviez oublié : c'est la vendeuse qui vous fait observer que ce que vous cherchez est là sous votre nez.

Il en est de même avec le potentiel de guérison. Tout est là, à sa portée, mais la personnalité qui est contractée sur elle-même oublie sa propre grandeur. Elle ne voit que la pointe de l'iceberg, et néglige sa dimension beaucoup plus profonde qui est aussi source d'inspiration, d'information et de guérison. Pour que l'individu puisse aller puiser à la force de ses profondeurs en établissant un dialogue avec son monde intérieur, il lui faut sortir de la superficialité du « moi induré ».

Durant mon processus de guérison, un jour, j'ai pris conscience que si j'avais mis tant d'énergie consciente et inconsciente à me détruire, je pouvais mettre tout autant d'énergie à me reconstruire. Après toutes ces années à ne pas écouter mon intuition, mes rêves, ma voix intérieure, je pouvais accorder quelques années à m'écouter, me respecter et m'aimer.

La nature et la source des images de guérison

L'image de guérison (IG) est à l'opposé de l'image d'enfermement. Elle est dans sa nature, à l'opposé d'inhibée, fluide ; à l'opposé d'emprisonnée, libératrice ; à l'opposé de confuse, lucide ; à l'opposé de fermée, ouverte ; à l'opposé de triste, joyeuse ; à l'opposé d'impuissante, puissante ; à l'opposé de haineuse, aimante ; à l'opposé de dure, douce ; à l'opposé de perdue, cohérente. À l'opposé de vide, elle est riche en informations. L'image de guérison est un baume non seulement réparateur mais aussi régénérateur. Dans sa nature, elle est le mouvement de la vie, de l'amour, de la créativité. Elle est le mouvement naturel de l'énergie vitale avec tout son potentiel de création et d'auto-réparation.

La source de l'IG est le Soi (*Self*)[2], la partie intacte en nous qui est remplie de la sagesse et de la connaissance profonde de qui on est et ce qui nous attend. L'IG est, dans son expression, un mouvement créateur parce qu'elle n'est ni inculquée par un système de croyance ni conditionnée. Elle ne vient pas de ce qui a été relégué dans le grenier de l'inconscient. Elle ne vient pas de souvenirs occultés parce que trop difficiles à gérer. Elle vient de ce qui est encore plus profond en nous, une sorte de rivière de vie universelle. C'est ce qui la rend si authentique, si vraie pour l'individu qui la reçoit. Elle provient de l'énergie des profondeurs, elle passe par l'inconscient, puis par le préconscient pour atteindre les rivages du moi conscient. Mais elle n'appartient pas à la personnalité, elle appartient à la profondeur de l'être. Je pourrais simplifier en vous disant que l'IG vient du guérisseur qui repose en nous tous. Lorsqu'elle passe, il est important de s'y attarder.

Le langage de l'image de guérison

Le langage de l'image de guérison est spontané et souvent inattendu. Il est direct à moins que l'individu, pour une raison psychique, résiste à recevoir pleinement cette image.

---

2. L'étude des rêves et du processus d'individuation démontre que c'est le Soi, en tant que principe directeur de l'évolution de la psyché tendant vers sa propre réalisation, qui est la source des rêves et des images de guérison. Cela se vérifie dans le fait que de nombreux rêves sont de nature compensatoire, c'est-à-dire qu'ils viennent corriger une attitude unilatérale du conscient et expriment le point de vue de la totalité psychique, mais aussi dans les rêves prospectifs, c'est-à-dire anticipant sur une évolution encore imperceptible.

L'image de guérison indique qu'il y a libération du potentiel créateur et vital. Elle apparaît souvent à la fin d'une séance de dialogue avec l'inconscient sur un problème bien défini. L'inconscient peut exprimer deux images d'enfermement, puis l'IG apparaît comme solution au problème. Son langage est libérateur des tensions psychiques et physiques. Le corps sent immédiatement une montée de l'énergie physique et psychologique car, associée à l'image de guérison, existe toute une physiologie du corps qui démontre sa force et son potentiel. Le langage de l'IG se vit à travers :

– des symboles : une rose, un bel animal, un corps épanoui, un cercle, un mandala[3], une source de lumière ;

– des images du quotidien familial (scènes heureuses de la vie quotidienne) : le repas d'une famille heureuse et unie, une mère qui porte son enfant sur son sein, un père et une mère qui entourent leur enfant dans son berceau, le père qui marche sur une plage tenant la main de son fils ou de sa fille, des enfants qui chantent ensemble, qui jouent, qui rient ;

– des images collectives de bonheur : des amis qui rient autour d'une table, des couples de danseurs qui dansent avec la joie sur le visage, des gens qui jouent dans les vagues… ;

– des images de la nature : un geyser ; une fleur telle que la rose, l'orchidée ou le lis ; un oiseau tel que l'aigle, la colombe ; un coucher ou un lever de soleil, le son des grillons, l'odeur de la rose, le goût du miel, le bruit de la mer ;

– des informations concrètes sur la guérison d'une partie du corps physique (même si le patient ne connaît pas l'anatomie de son corps) : des informations très précises peuvent surgir

---

3. Le mot *mandala* signifie en sanscrit « cercle magique ». En psychologie des profondeurs, il désigne toute représentation d'une forme ronde ou carrée manifestant un centre. Jung a découvert que ces images commencent à apparaître en rêve quand le Soi se manifeste et s'impose progressivement comme le véritable centre de la psyché. Voir chapitre 10.

chez quelqu'un qui est en train de dégager son potentiel de guérison. Informations très précises qui renseignent sur comment le corps va réagir à sa guérison.

Les types d'images de guérison

L'image intuitive

L'image intuitive correspond à la libération de l'élan vital et du potentiel de guérison qui était enlisé. Viennent soudainement de la profondeur de l'être des images qui sont de réels élans vers... quelque chose de bon, de doux, de spontané et d'inattendu pour la personne en voie de guérison. Ce sont des ouvertures dans la cuirasse, des brèches, telles des respirations qui font ressentir physiquement et psychiquement à l'individu qu'il est sur la bonne voie. Elles ne font pas partie d'une solution au problème, elles sont plutôt des révélations nouvelles ou des angles différents avec lequel l'individu qui était enfermé peut maintenant contempler sa vie différemment. Un individu qui souffrait d'un problème au genou et qui marchait difficilement peut se voir soudainement marchant facilement avec souplesse ; il peut aussi se voir voyageant et se déplaçant alors qu'il avait l'impression que c'était pour lui impossible.

Le souvenir heureux de l'enfance

Là où la seule mémoire de la petite enfance n'était que douleur, dureté, noirceur, vient le rappel d'un ou de plusieurs moments heureux dans l'enfance de l'individu. Le thérapeute entend : « Il n'y avait pas que des moments tristes. » Tout comme l'image intuitive, si la mémoire de moments heureux vient au conscient de l'individu, c'est qu'il y a une brèche dans la cuirasse et l'énergie de vie se remet à circuler de nouveau avec tout son potentiel de guérison.

Le flash sensoriel de solution

Ce flash qui amène une solution vient tel un éclair. La cuirasse s'ouvre, ce qui était enfermé respire un peu, et surgit très vite un élément de solution, puis le tout se referme. Lorsque ce flash arrive, Nicolas et moi conseillons de ne pas tenter de le poursuivre ou d'agir par la volonté sur l'élément de la solution qui est apparu. Au contraire, nous suggérons au patient de continuer son exploration : viendront petit à petit d'autres éléments, jusqu'à la résolution du problème.

L'image de référence collective

L'image collective décrite plus haut peut se présenter à tout moment. Elle s'accompagne d'une impression de bonheur qui inspire des réflexions telles que « La vie n'est pas si dure que cela », « La vie vaut peut-être la peine d'être vécue ». Cette image collective est un baume sur la dureté de l'enfermement psychique, elle amène un souffle révélateur d'un bonheur plus profond possible pour l'individu. Elle est une expression du Soi. Ce peut être un magnifique lever ou coucher de soleil, une plage de rêve, l'océan, l'Himalaya, un champ de blé…

La vision de guérison

La vision est annonciatrice d'une réelle libération de l'être et du potentiel de guérison. C'est comme un hologramme de guérison qui se présente à l'individu. Elle annonce un réel changement de position intérieure qui permettra à l'individu de se libérer définitivement d'un complexe destructeur.

La vision de guérison libère dans le cerveau et dans le sang des hormones qui viennent soutenir l'espoir, la confiance profonde en soi, le « je sais ». Elle provient directement de l'énergie des profondeurs de l'individu, du Soi.

Tous les sens sont utilisés pour exprimer l'image de guérison. La modalité « associé » est privilégiée pour nourrir l'énergie de guérison de l'être.

6
Images de transformation

Nicolas et moi avons appelé notre méthode « Images de transformation® » car, tout au long de notre pratique, nous avons été plus souvent interpellés par des images de transformation que par des images de guérison. En ce sens que les images de guérison sont la plupart du temps l'aboutissement d'un processus constamment en mouvement. L'illusion serait de croire que la guérison est une fin en elle-même.

Dans notre méthode, le processus débute par une écoute de la partie de soi qui souffre. Qu'elle éprouve un malaise physique ou psychique, la personne est invitée à dialoguer avec son monde intérieur. Cette première étape représente un mouvement d'accueil de ce qui est présent là, dans cette souffrance. Ce sont habituellement des images d'enfermement qui sont au rendez-vous, souvent accompagnées d'informations qui sont déjà des pistes vers la guérison : les images de transformation. Cette écoute, qui est en elle-même un mouvement d'ouverture à ce qui est là, douloureux, souffrant, s'inscrit sur le chemin vers un état désiré de bien-être, d'harmonie, de réunification avec son monde intérieur : la guérison. Les images de transformation sont l'expression d'un changement possible pour atteindre le but désiré. Elles indiquent le début du mouvement de libération intérieure. Elles sont les bienvenues dans ce processus de dialogue avec le monde intérieur.

La transformation

La transformation vient du mouvement. Sans mouvement, il est difficile de transformer la matière psychique et physique qui stagne dans son enfermement. L'énergie même de la transformation vient du fait qu'il y a eu accueil de la matière qui était refoulée ou enfermée. Lorsque l'individu qui travaille sur lui-même a accepté de se mettre à l'écoute de son enfermement intérieur, déjà il a initié le mouvement de la vie. Le fait même de regarder une image d'enfermement et de l'écouter entraîne une libération de l'énergie vitale qui était dormante. Il en résulte une circulation de l'énergie vitale psychique et physique vers un autre état.

La transformation fait partie de l'évolution vers la guérison. Il ne peut y avoir de guérison sans transformation, c'est-à-dire sans mouvement de vie.

La nature des images de transformation

La nature de l'image de transformation est le mouvement vers un changement d'état. Ce mouvement vient du fait que l'individu a accepté de faire bouger ce qui dormait ou ce qui était remisé dans son inconscient. Par exemple, lorsque mon patient accepte de visualiser sa maladie, ou de l'entendre, ou de la ressentir, déjà il fait bouger la relation qu'il a avec son malaise, son état. Ce geste de « jeter un regard vers » implique un mouvement, même s'il y a des résistances, des peurs et de l'incompréhension. Mon patient signifie à son inconscient qu'il est prêt à collaborer et à écouter cette partie dans « l'ombre de lui-même ». Ce faisant, il permet l'apparition d'un mouvement qui est la nature même de l'image de transformation.

Dans sa nature, l'image de transformation peut être à la fois douce, libératrice, annonciatrice, et aussi surprenante, du style : « Ah ! tiens, je sens pointer une solution à mon problème, je sens venir un vent qui va balayer les poussières, je sens un revirement possible de la situation qui était sans issue. » Telles sont les paroles que prononcent mes patients lorsqu'elle apparaît dans leur imagerie.

L'image de transformation n'est pas l'aboutissement, elle est le chemin vers… Elle indique une piste, une direction sur la voie de la guérison. L'individu a la liberté de l'écouter ou de la suivre s'il le désire, toutefois il est important qu'il ne se fixe pas sur l'image de transformation ou tente de la retenir, car elle n'est pas une fin en soi, mais un moyen.

La source de l'image de transformation

D'où vient l'image de transformation ? Elle provient du Soi ou tout simplement de la partie de nous qui est intacte et qui sait ce qui est bon pour nous. Cette partie l'utilise pour nous informer qu'il est possible de changer dans la douceur et le respect de notre écologie intérieure[1]. L'image de transformation vient tel un avertissement pour nous apprivoiser à la guérison à venir. Elle est souvent là dans le préconscient, mais la

1. L'écologie intérieure réfère en PNL à la cohérence avec le fonctionnement global d'une personne et la recherche de son équilibre. Cf. Alain Cayrol, Josiane de Saint-Paul, *Derrière la magie – la Programmation neuro-linguistique* (PNL), Inter-Éditions, 2002, p. 216.

personnalité consciente ne la reconnaît pas comme une piste importante vers la guérison. Elle peut être négligée, niée et même rejetée par celui ou celle qui aurait peur d'aller vers une transformation de son mal-être par peur du changement, par peur de perdre l'attention des autres ou par peur du bonheur.

Le langage de l'image de transformation

Lorsque apparaît l'image de transformation, l'inconscient nous informe d'un changement intérieur à venir bientôt. Son message est que la vie prend de plus en plus de place, là où les eaux étaient dormantes. Une désintoxication est sur le point de se réaliser et la guérison arrive à grands pas. Par exemple, si pendant des années je me suis trouvée aux prises avec une tristesse chronique et que je me mets à l'écoute de cette tristesse, je laisse venir les images de mon inconscient qui sont à la source de cette tristesse. Je vais recevoir des informations qui seront l'expression de ma fixation dans cet état. Puis, lorsque ces informations sont acquises, le changement de position intérieure intervient spontanément face à ma tristesse. Puisque j'ai déchargé une énergie refoulée, comme si je vidais un trop-plein, peuvent venir alors d'autres informations sur une possibilité d'état intérieur différent. Toujours dans cet exemple, je peux ressentir que je vais utiliser l'humour, qu'une joie spontanée apparaît, un goût de vivre. Même si je me sens encore triste, j'éprouve une transformation de mon état intérieur, un début d'élan vers une autre façon de vivre ma vie. Je n'ai pas encore la solution et la compréhension totale de ma tristesse mais le mouvement est en moi. Je me sens différente, en mutation : tel est le langage de l'image de transformation.

Ce langage doux reste souvent inconnu du patient. C'est à l'intervenant de le repérer lorsqu'il apparaît et d'aider le patient à reconnaître la force de l'image de transformation.

Les différents types d'images de transformation

L'image de transformation peut épouser tous les modes, en associé ou en dissocié, ainsi que les sous-modalités associées. Elle est représentée sous la forme soit :

– du symbole : le symbole représente alors la mue, la transformation (la chenille qui devient papillon, la couleuvre qui perd sa peau) ;

– du flash sensoriel : le flash sera annonciateur du changement possible ou d'un début de solution ; l'individu se voit quittant des couches de vêtements ou enlevant un masque, ou bien il éprouve une sensation kinesthésique de « changement » ;

– du souvenir : le souvenir sera alors la mémoire d'un moment antérieur où l'individu a connu un changement de position à l'intérieur de lui-même (changement d'attitude, douce remise en question, changement de cap) ;

– d'une image collective : les images collectives de déménagement, de migration, de mue peuvent être utilisées par l'inconscient ou le préconscient pour exprimer la mouvance de l'être.

Nous venons de voir les images qui habitent notre monde intérieur et que nous pouvons rencontrer grâce à la méthode « Images de transformation® », dans cette communication avec le moi conscient et l'inconscient. Passons maintenant aux grandes étapes de cette méthode.

Deuxième partie

Le voyage intérieur
La méthode

Préambule

Lorsqu'une personne vient nous consulter, c'est qu'elle rencontre dans sa vie une difficulté, un problème qu'elle n'arrive pas à régler. Le motif de la consultation peut être d'ordre physique (maladie, tensions chroniques, douleurs récurrentes), d'ordre psychique (difficultés au travail, dans la relation de couple, mal-être, état latent de dépression et de mal de vivre). Cet état décrit par la personne est appelé *état présent.* Il décrit l'état de mal-être vécu au moment présent : peu importe si celui-ci est lié à des événements ou à des conditionnements du passé. Cet état présent a un contenu conscient qui est décrit verbalement par la personne devant nous et aussi un contenu préconscient et inconscient, décrit lui par son langage corporel et le langage de ses rêves. Il est très important pour notre pratique d'écouter la personne qui est en face de nous et de l'aider si nécessaire à définir son état par des questions qui vont rendre plus palpables émotionnellement les contenus conscients et inconscients qui y sont associés.

Mais nous voyons aussi des gens qui n'arrivent pas à définir leur état présent : ils ont bâti une telle protection face à cet état de difficulté qu'ils ne peuvent parler que de l'état qu'ils désirent atteindre. Je me souviens par exemple d'une patiente venue me consulter parce qu'elle voulait guérir. Pendant la moitié de la séance, elle m'a décrit ce que serait sa vie, une fois qu'elle serait guérie. Je n'ai pu d'abord que l'écouter sans savoir de quoi elle voulait guérir. Puis lorsque le lien de confiance a été établi, je lui ai posé tout doucement la question : souffrait-elle d'une maladie, d'un mal-être ?

Cette femme n'arrivait pas à nommer son état présent, elle en avait peur, elle s'en défendait. Elle était fixée sur l'*état désiré*. L'état désiré est important, il est ce vers quoi tend la personne. Toutefois il ne doit pas camoufler ce qui est là, ce qui a besoin d'être traité, entendu et aimé.

Ainsi, dans la première consultation, après que l'individu nous a nommé son état présent, nous lui demandons toujours où il veut aller, quel est son objectif, quels sont ses buts, ce vers quoi il tend. Nous écoutons alors la description de son état désiré. En même temps que nous écoutons son langage verbal, nous observons son langage corporel et aussi le langage de ses rêves, car cet état désiré a aussi un contenu conscient et un contenu inconscient. Y a-t-il eu des rêves qui annoncent une solution, une possibilité de transformation ou de guérison ?

L'état désiré est une projection de l'être, une réalité vers laquelle tend non seulement la personnalité, mais aussi, dans la plupart des cas, l'être en entier. Si cet état est uniquement un produit de la personnalité, un assemblage de fausses personnalités ou de conditionnements parentaux, l'inconscient le fera savoir assez rapidement. En tant que guides, notre travail est d'aider à ajuster le conscient par rapport à l'inconscient pour un meilleur équilibre de l'être. Nous rencontrons dans notre pratique des gens qui n'arrivent pas à décrire l'état désiré. Ils sont fixés à leur problème soit par désespoir, soit par peur de l'échec, soit par manque de confiance en la vie ou en eux-mêmes. Ils ont cette forte impression d'être dans une impasse ou face à un mur, ou encore dans un cercle vicieux, et n'arrivent pas à déterminer ce qu'ils désirent atteindre pour eux. Souvent, ils pensent qu'ils n'y arriveront pas et se présentent à nous en désespoir de cause. Cela signifie que leur énergie vitale est enlisée et qu'il est urgent qu'ils rétablissent le contact avec leur potentiel, leur force de guérison et leur monde intérieur. Nous les guidons alors tout doucement, sachant que leur force psychologique est faible, à aller à la rencontre des énergies de leur profondeur, tout en respectant leurs protections et leurs croyances.

Pour guérir, nous avons tous besoin de pouvoir regarder la réalité en face, sans pour autant être dans l'introspection vingt-quatre heures sur vingt-quatre. Nous avons aussi besoin d'être réceptifs – c'est ce que j'appelle l'*étape du réceptif* – pour écouter et comprendre ce qui a amené l'état présent. Nous avons aussi besoin de rassembler notre énergie de guérison en nous montrant capables de nous projeter dans un objectif et un but sains pour nous-même sans nous perdre dans les fausses illusions. Nous avons besoin de tendre vers la vie, ce que j'appelle l'*étape du programmé*. Nous avons enfin grandement besoin de rétablir le lien entre notre monde intérieur et le monde extérieur, d'unifier notre personnalité à l'âme pour une meilleure réalisation de notre force créatrice. L'imagination active, l'écoute des signes de nuit (rêves) et des signes de jour (événements synchronistiques) assureront tout au long du processus que le lien est toujours établi entre le conscient et l'inconscient.

De l'état présent à l'état désiré, doit être accompli tout un voyage intérieur, une rencontre avec soi, une descente dans ses profondeurs et une remontée, une union avec les forces de guérison de l'être. La personne devant nous devient alors un voyageur dont nous sommes les guides. Le voyageur connaît son lieu de départ (l'état présent) et sa destination d'arrivée (l'état désiré) ; la méthode des « Images de transformation® » fournit le véhicule dans lequel il va évoluer pendant son voyage intérieur. En tant que guides, le voyage intérieur, nous le connaissons. En revanche, nous ne connaissons pas le monde intérieur du voyageur qui est en notre présence. Pour lui comme pour nous, c'est l'inconnu, car ni l'un ni l'autre nous ne savons ce que nous allons découvrir. Mais nous sommes prêts à l'accompagner. C'est pourquoi nous sommes toujours vigilants, en écoute – et émerveillés – face au contenu que révélera l'Inconscient. En revanche, pour avoir effectué beaucoup de voyages et pour avoir guidé beaucoup de voyageurs, nous savons reconnaître les écueils, les fausses pistes, les barrières, les grands mouvements d'espoir, les signes avant-coureurs de découvertes et de transformations qui font partie de tout voyage vers le monde intérieur.

Ce voyage se fait en plusieurs étapes avec des haltes :

– pour se ressourcer : les paliers du voyage ;

– pour aller à la rencontre de l'inconnu et de la connaissance de soi : le réceptif ;

– pour se préparer à l'approche de la destination finale : le programmé ;

– pour se poser en tout temps sur les terres inconnues de l'exploration intérieure : l'imagination active.

Ce voyage se fait dans une ligne de temps linéaire de l'état présent vers l'état désiré, mais avec des moments de réceptivité et d'alignement qui se vivent dans le non-temps.

1. Le voyageur part de son état présent avec la carte géographique de son problème et commence son voyage. Il débute une descente vers des dimensions plus profondes de lui-même par les **paliers du voyage**.

2. Par la suite, lorsqu'il est prêt, il se penche sur la carte géographique de son problème : il écoute son conscient et son inconscient à travers l'étape du **réceptif** pour en venir à reconnaître les obstacles qui entravent l'arrivée à sa destination finale. Il libère ainsi les images intérieures d'enfermement et découvre spontanément d'autres routes, d'autres oasis qui facilitent son voyage par l'irruption spontanée d'images de guérison.

3. Riche des informations venues de ses profondeurs, il est

prêt à se rendre à sa destination finale en vivant l'étape du **programmé**.

4. Son voyage se poursuit car il n'a pas atteint totalement sa destination, il s'est aligné sur son but mais il est toujours à l'écoute de son monde intérieur, c'est-à-dire de son inconscient, de ses rêves et des signes de jour. Celui-ci l'aide à ajuster, s'il y a lieu, le programmé entre l'état présent et l'état désiré. Ici entre en jeu l'**imagination active** qui lui permet de dialoguer avec son inconscient et d'apprendre à lire les inscriptions écrites dans cette langue étrangère qu'est le langage de l'inconscient. Voyons maintenant plus en détail les étapes du voyage intérieur.

7

Les paliers du voyage

Nous allons commencer notre voyage. J'invite le lecteur à suivre les étapes une à une et, s'il y a lieu, à choisir un thème de travail dans son dialogue avec son inconscient. Ce thème peut être un thème physique (tensions chroniques, symptômes récurrents, maladies) ou psychique (état intérieur difficile récurrent, pensées limitatives, compulsions). Je suggère que le thème soit facile à explorer pour entrer dans le processus d'écoute sans soulever trop de résistance.

Le lecteur peut aussi choisir de s'arrêter après les trois premiers paliers, soit la relaxation, l'endroit de rêve et l'endroit sacré. Cela lui permettra d'engager un début de dialogue avec son préconscient et l'apprivoisement de l'écoute de son inconscient.

Premier palier : la relaxation

La relaxation est la première étape pour entrer en relation avec ses profondeurs. L'état de relaxation n'est pas qu'un état psychique : il est avant tout physique et physiologique, mais il permet au moi conscient d'entrer en relation avec des dimensions plus profondes de soi. Nous vivons tous dans un corps, et ce corps doit pouvoir se détendre et se reposer. Le repos et la détente font partie des besoins fondamentaux physiques. Ainsi, le fait de se relaxer avant d'établir un dialogue avec soi-même est dans l'ordre des choses tout comme il en est de la préparation à recevoir un invité.

« Installe-toi confortablement et va chercher à l'intérieur de toi un espace de paix et de sérénité.
Laisse ton crâne se détendre,
Laisse ton visage se détendre,
Relâche tes joues et ta mâchoire inférieure,
Détends ta langue et ta gorge,
Laisse tes épaules se détendre,
Laisse tes bras, tes mains se détendre en profondeur,
Relâche ta cage thoracique,
Détends ton diaphragme,
Laisse les muscles de ton dos se détendre dans leur longueur et leur largeur,
Laisse ton abdomen et ton ventre se détendre en profondeur,
Relâche ton bassin,
Détends tes muscles fessiers,
Laisse tes jambes, tes cuisses et tes pieds se détendre en profondeur,
Laisse ton corps en entier se détendre encore un peu plus,
Ton corps est maintenant détendu… »

Ce pourrait devenir un exercice quotidien : plus vous prenez l'habitude de vous détendre à une heure précise, plus vous créez en vous-même ce « réflexe de relaxation ». Le corps et le cerveau sont ainsi faits. Nous fonctionnons par habitude. Il est prouvé que si vous vous détendez 20 minutes trois fois par jour (matin, midi et soir), votre corps va désormais vous inviter à ces pauses quoi que vous fassiez.

Qu'est-ce que ce réflexe de relaxation ? C'est une réponse conditionnée aux mêmes stimuli qui amènent un état de détente. Quels sont les meilleurs stimuli pour vous détendre ? Une musique spécifique ? le son de la mer ? une voix qui vous inspire ? un chant ? un enregistrement relaxant que vous aurez vous-même élaboré ? ou encore une pratique respiratoire ? Votre corps le sait. Tentez l'expérience et vous le découvrirez.

Dans les paliers du voyage que je propose à tous mes patients, la relaxation est donc la première étape. Je la guide de la voix en incitant à la détente de toutes les régions du corps une à une du crâne jusqu'aux pieds. Pourquoi commencer par le crâne ? Pour une raison fort simple : lorsqu'on détend les mâchoires, le corps en entier se décrispe. Toutefois je m'adapte à mon patient : s'il est habitué à débuter par les pieds, je le fais aussi. Je propose ma méthode mais je ne l'impose pas car il se peut que mon patient possède déjà sa propre pratique différente de la mienne. Le but visé n'est pas d'ajouter un stress !

Pour le thérapeute avisé, cette détente du corps est visible. Toutefois, ses manifestations en sont variables d'une personne à l'autre, d'une journée à l'autre et même d'une heure à l'autre. Il est important de ne pas s'attendre à vivre le même mouvement et le même résultat à chaque fois.

La réaction est d'ordre physiologique : la relaxation crée des ondes cérébrales qui calment l'hémisphère gauche du cerveau (logique, rationnel, etc.), le système sympathique, et permettent d'accéder à l'hémisphère droit (créativité, ressources, solutions), le système parasympathique.

Le choix des mots est important. Selon mon expérience, les mots doivent être simples, sans trop de complications qui attireraient l'attention parce que le but visé est de faire tomber « l'attention, la vigilance ». La voix est naturelle, douce, profonde. Assez rapide au début, le rythme se ralentit de plus en plus par la suite, ce qui permet d'atteindre des paliers de relaxation et de faciliter le passage du « sympathique » au « parasympathique ». Le rythme, la voix, les mots, les consignes (le choix des phrases) répétitives, tous ces éléments doivent permettre aux voyageurs de se laisser aller, de se déconcentrer, de se laisser guider mais sans se perdre. Si on se limite à deux ou trois consignes, le cerveau peut s'y adapter et relâcher son attention. En revanche, si on multiplie les consignes différentes pour chaque région du corps, l'hémisphère gauche ne lâchera pas prise et restera toujours en attente de la nouvelle consigne qui va suivre. Une forme de monotonie et de répétition est bienvenue car le but n'est pas d'exciter l'imaginaire mais d'aider le corps et l'esprit à atteindre une neutralité pour accéder à un dialogue avec les profondeurs du préconscient et de l'inconscient.

J'ai observé que plus une personne est cuirassée, tendue et soucieuse de garder le contrôle de sa réalité, plus il lui est difficile de se détendre, de se laisser aller, de relâcher le contrôle, la vigilance. Cependant, si le lecteur se reconnaît dans cette définition, il ne doit surtout pas s'inquiéter car la pratique de la relaxation, tout comme la pratique sportive, s'acquiert par l'entraînement. Si vous avez de la difficulté à vous détendre et que vous vous en inquiétez, vous allez aboutir à l'effet inverse qui sera l'angoisse. Je suggère donc à toute personne qui craint de ne pas parvenir à se relaxer d'écouter de la musique et de passer plutôt directement à l'étape suivante : l'exploration de l'endroit de rêve.

Deuxième palier : l'endroit de rêve

« *Ton corps est maintenant détendu,*
Rends-toi dans ton endroit de rêve,
Cela peut être un lieu que tu connais déjà... ou un endroit que tu crées entièrement,
Si plusieurs endroits se présentent en même temps, choisis un endroit,
Entre maintenant dans ton endroit de rêve,
Laisse-toi imprégner par la grâce et la beauté qui s'y trouvent,
Contemple les jeux d'ombre et de lumière de ton endroit de rêve,
Ressens le bien-être qu'il t'apporte,
Entends les sons qui accompagnent ton endroit de rêve,
Sens les différents parfums de ce lieu,
Goûte les multiples saveurs de ton endroit de rêve,
Permets-toi de recevoir de ton endroit de rêve, de t'y ressourcer et de t'y régénérer,
Ressource-toi dans ce lieu. »

L'exploration de l'endroit de rêve est le second palier du voyage. Peu importe si le voyageur a réussi à se détendre ou non, ce n'est pas si important. Il lui sera tout de même possible d'accéder à cette étape qui est « le nectar de la détente » : « l'endroit de rêve ».

L'endroit de rêve, vous le connaissez parce que vous y êtes déjà allé ou parce que vous l'avez vu sur une photo représentant pour vous un lieu idyllique. Il se peut malgré tout que vous ayez à l'imaginer de toutes pièces. L'important, c'est que ce soit un endroit de rêve *pour vous*. Non pour votre voisin, votre mère ou votre tante, mais *pour vous*, uniquement pour vous. Il appartient à votre imaginaire, et vous pouvez, sans demander la permission à quiconque, sans avoir besoin d'être millionnaire, sans avoir le temps de prendre des vacances, vous y rendre en imagination. Ce n'est pas un endroit pour fuir votre quotidien : au contraire, c'est un endroit pour vous ressourcer et puiser l'énergie nécessaire à poursuivre harmonieusement votre quotidien. Car l'endroit de rêve est un lieu harmonieux. Il peut se limiter à une simple couleur ou être fort élaboré. À vous de choisir selon votre goût du moment et votre réponse de bien-être à ce lieu.

Certains de mes patients avaient peur de cette étape du voyage parce qu'ils ne se sentaient pas le droit d'accéder à un tel endroit. Ils ne se reconnaissaient pas le droit au bien-être et au plaisir dans une journée de maladie et de souffrances. Mais lorsque, enfin, ils s'accordaient la permission de s'y reposer, ils découvraient l'importance de cette étape dans le processus du voyage intérieur.

La plus grande erreur sur l'endroit de rêve est de croire que si on n'est pas quelqu'un de visuel, on ne peut pas y accéder. Il est possible de vivre son endroit de rêve en l'écoutant, en le ressentant, en le goûtant, en le sentant ou en le voyant. N'importe quel sens peut être utilisé pour le définir, le vivre et l'explorer. Donc il est accessible à tous.

Voici les qualités d'un endroit de rêve : harmonie, grâce, beauté, énergie, ressources. Cet endroit vous appartient, vous pouvez y accéder quand vous le désirez et le quitter aussi quand vous le désirez. Vous pouvez vous y poser avant de poursuivre votre route.

Après l'étape de la relaxation, le voyageur y accède à l'aide de quelques phrases clés. Prendre le temps de le retrouver, de le créer si nécessaire et de le savourer, de s'y poser et de s'y reposer rendra plus facile le voyage vers la troisième étape : l'endroit sacré. En attendant, il représente un test agréable de la capacité d'imagination du voyageur et de sa capacité à se permettre du plaisir, du repos et du bien-être.

Non seulement ce lieu est très personnel, mais il peut varier de jour en jour ou même d'heure en heure. Inutile pour le voyageur de penser retrouver toujours le même ou de tenter de le contrôler, il risque de bloquer l'accès à d'autres étapes importantes du voyage. Par le fait même, il est invité à s'y laisser aller et aussi à s'y laisser surprendre, car l'endroit de rêve est en constante évolution. Il est un baromètre de ses énergies physiques et psychiques, aussi un passage vibratoire dans le dialogue avec l'inconscient et un espace d'apprivoisement pour la personnalité consciente. Explorons maintenant ces différentes dimensions.

Le baromètre des énergies physiques et psychologiques

Au cours de mon travail avec des patients atteints de maladies très graves, j'ai remarqué que, dès que le patient quittait ses habitudes de relaxation, abandonnait son choix d'une vie plus saine, son endroit de rêve se transformait. Soit il devenait plus terne, plus difficile à contacter, à ressentir, soit tout simplement, il ne se manifestait plus. L'endroit de rêve manifestait ainsi pour moi en tant qu'observatrice qu'une rechute psychologique ou physique était sur le point d'avoir lieu. C'était un signe qu'il fallait vérifier avec mon patient, afin de savoir s'il s'était produit des événements extérieurs ou intérieurs entraînant cet état de chose.

Un passage vibratoire dans le dialogue avec l'inconscient

De la neutralité relative de la relaxation à la joie rencontrée dans l'endroit de rêve, il y a un passage et apparaît un début de stimulation de la capacité inhérente à tous qu'est l'imagination. L'endroit de rêve n'est pas un lieu fantasmagorique mais un lieu de bien-être. Le patient abandonne la neutralité et la détente et se laisse aller à cette vague de bien-être créée par les hormones du cerveau. Toutefois cet espace imaginaire de bien-être peut être un des lieux de prédilection pour une écoute de l'inconscient. Le but de l'endroit de rêve n'est pas de dialoguer directement avec l'inconscient mais de préparer le dialogue par une étape de ressourcement et de bien-être. Souvent l'inconscient du patient utilise l'endroit de rêve pour y amener des éléments qui seront utilisés pour un futur dialogue. Ainsi, j'ai observé que, s'il y a urgence de dialogue, une image symbolique ou un souvenir ou un flash viendront se présenter dans l'endroit de rêve.

Un espace d'apprivoisement pour la personnalité consciente

L'endroit de rêve apprivoise le « moi » induré, contracté et appelle au bien-être. Nous avons tous un jour rêvé d'un endroit aussi idyllique et plusieurs d'entre nous en ont déjà visité. Nous avons tous vu à la télévision ou dans des magazines des images qui représentent pour nous la sérénité, l'exotisme, la paix, le repos. L'endroit de rêve est un lieu inspirant, même si le voyageur n'arrive pas à se détendre parce que trop contracté. Lorsqu'on l'appelle, la plupart des voyageurs entrent dans le processus aspirés par un désir qui correspond à un appel de leur personnalité consciente : le bonheur, la paix, la sérénité. Même s'ils sont très pessimistes et sujets à de grandes douleurs physiques et psychiques, il leur sera possible de vivre l'endroit de rêve. J'ai connu de mes patients qui pendant qu'ils vivaient cet endroit, ne ressentaient plus la douleur, la peur, l'angoisse. Ils pouvaient enfin se reposer. L'endroit de rêve peut être perçu par le moi conscient comme un réel baume face à la réalité difficile du quotidien. Cet espace de paix permet au conscient d'apprivoiser ce qui est à venir dans les prochaines étapes du voyage intérieur sans créer de résistances. Le dialogue avec une difficulté, une maladie ou un mal-être peut faire peur, mais aller à la rencontre du bien-être ne suscite habituellement pas de craintes : au contraire, le voyageur s'ouvre et ainsi prépare l'espace de réceptivité à ses profondeurs, avec la permission de sa personnalité pour entrer dans son endroit sacré.

Troisième palier : l'endroit sacré

> « *Tout en évoluant dans ton endroit de rêve, tu entres en présence d'un lieu où les énergies sont plus élevées,*
> *Ce lieu est ton lieu privilégié, ton endroit sacré,*
> *Trouve maintenant ce lieu,*
> *Entre maintenant dans ton lieu sacré et installe-toi confortablement,*
> *Entre en présence de la force de la terre et laisse cette énergie se joindre à la force vitale qui est à l'intérieur de toi,*
> *Entre maintenant en présence des énergies de l'univers, du cosmos et laisse ces énergies s'unir à ton énergie vitale,*
> *Tu es maintenant en présence de ta force vitale et en lien avec la terre et le ciel,*
> *Ressens cette union intérieure,*
> *Je vais me taire maintenant et te laisser en présence de ton lieu sacré...* »

L'endroit sacré est un lieu intérieur qui habituellement fait partie de l'endroit de rêve : pour le voyageur, c'est une sorte de lieu privilégié où les forces de la nature se déploient. Le voyageur peut aussi choisir que son lieu sacré soit à l'extérieur de son endroit de rêve. Ce sera de toute façon un espace plus personnel, tel un sanctuaire ou un laboratoire de travail, où les énergies sont propices à une rencontre avec les aspects de son préconscient ou inconscient.

Après avoir rencontré le bien-être dans son endroit de rêve, le voyageur se prépare intérieurement à rencontrer son monde intérieur. Il se recentre dans son lieu sacré. Il s'y installe confortablement et entre en présence de sa force vitale, il la connecte à la terre et au cosmos. Ainsi il se met en présence de tout son potentiel pour se ressourcer ou s'il le désire poursuivre son voyage et débuter le dialogue avec son inconscient.

S'étant ressourcé, il peut revenir dans son endroit de rêve, retourner à son état de veille et poursuivre sa journée. Ces trois étapes pour le voyageur créent un réel bien-être et peuvent être vécues dans un espace de temps restreint (12 minutes approximativement). Ainsi vivre ces trois paliers uniquement correspond à une recherche de bien-être dans son quotidien et permet d'améliorer sa capacité à se donner un temps de relaxation et de ressourcement.

L'endroit sacré peut être vécu comme un réel sas vibratoire qui prépare la rencontre avec le thème de travail du voyageur. C'est l'ultime étape avant de débuter la descente vers la profondeur de son inconscient. Toutefois quel est le but du voyage ? Je ne suggère pas que le voyageur se lance dans une rencontre avec son inconscient, sans avoir précisé le but de cette rencontre. Il existe donc pour celui ou celle qui vit les paliers du voyage dans le but d'un dialogue avec l'inconscient une étape préalable à la relaxation qui se nomme l'« entonnoir ». Cet outil vous sera révélé dans le chapitre suivant.

8
Le réceptif

Comme nous l'avons mentionné dans l'introduction et la première partie de ce livre, nous ne basons pas de programmation sur l'état désiré que le sujet veut atteindre avant d'avoir questionné l'inconscient sur la difficulté présente. Ainsi nous tentons constamment de maintenir un dialogue « main dans la main » avec le conscient et l'inconscient du sujet pour une meilleure écologie intérieure et pour une plus grande libération dans la douceur. Nous tentons d'éviter ainsi des accumulations de résistances qui pourraient surgir lors d'une programmation menée sans consultation des énergies des profondeurs. Par le fait même, nous amenons la personne à vivre une première étape du réceptif avant de se diriger vers l'étape du programmé.

Les thèmes du voyage

Avant de partir en voyage, tout voyageur sait d'où il part (état présent) et où il aimerait aller (état désiré). Nous l'invitons à déterminer le thème de son voyage, qui peut être soit physique, soit psychique.

Un thème physique

Par exemple : « Je viens vous consulter parce que je souffre d'arthrose de l'épaule gauche », ou encore : « Je viens vous consulter parce que l'on vient de me diagnostiquer une sclérose en plaques », ou encore : « Je viens vous consulter parce que je souffre de migraines chroniques ».

Il est évident pour nous en tant que guides que le thème physique possède une résonance psychique qui peut apparaître dans l'écoute de l'inconscient du voyageur. Toutefois, pour le voyageur, ce thème physique qu'il désire guérir ne possède pas nécessairement une résonance psychique. Nous respectons alors le fait qu'il ne veuille traiter que le thème physique et nous faisons confiance à son inconscient pour lui révéler ce qui est nécessaire à sa guérison. Nous ne forçons jamais un voyageur à affronter l'aspect psychique ou psychosomatique d'une difficulté physique. Certains voyageurs savent que leur problème physique est relié à des tensions émotionnelles, d'autres l'ignorent et d'autres encore refusent d'en entendre parler. Nous tenons compte de leurs croyances et de leur expérience.

Dans le cas d'un thème physique, nous tentons d'aller chercher lors de l'étape du réceptif des images précises du malaise physique. Nous demandons alors la collaboration du voyageur qui doit questionner son médecin et tenter d'obtenir des informations concrètes sur sa douleur, ses symptômes. Et si le médecin ne collabore pas, nous invitons le voyageur à chercher lui-même à travers des dictionnaires médicaux ou d'autres sources sûres des renseignements, des images visuelles qui alimenteront ses images intérieures et qui vont le guider dans l'exploration de ses symptômes physiques. Notre expérience en tant que guides nous a appris que, plus le voyageur sait concrètement ce qui se passe dans son corps, mieux il peut intervenir dans ses images de guérison.

Un thème psychique

Par exemple : « Je viens vous consulter parce que je me sens toujours déprimé », ou encore : « Je viens vous consulter parce que depuis la mort de mon père, je suis toujours épuisé, je n'ai plus le goût à rien », ou encore : « Je viens vous consulter parce que je n'en peux plus de vivre dans la peur, peur de tout et de rien ».

Un thème psychique qui n'est pas traité peut aussi amener à la longue des réactions somatiques. Nous respectons le voyageur qui désire travailler uniquement sur l'aspect psychique et qui refuse de voir qu'il y a eu déjà des conséquences dans son corps. Encore une fois, nous faisons confiance à son inconscient pour le guider vers la somatisation de ses problèmes psychiques. Parfois, les tensions physiques associées au problème psychique disparaissent au fur et à mesure du voyage intérieur, surtout si elles ne sont pas enkystées depuis longtemps dans le corps.

Un thème psychosomatique

Par exemple : « Je viens vous consulter parce que je souffre d'un cancer de l'utérus et j'ai découvert avec mon psychothérapeute que ce cancer est relié à ma féminité et à la relation avec mon père. Je veux me libérer de mon cancer et de cette image d'un père qui a castré ma féminité. »

Ici nous nous retrouvons avec un voyageur qui nomme d'emblée un état présent psychosomatique. En tant que guides nous lui suggérons de débuter par l'exploration du thème physique, ici le cancer de l'utérus, pour aider tous les systèmes du corps à tendre ensemble vers le potentiel de guérison. Lorsque l'étape du programmé sera vécue et que l'autodiscipline de vivre ce programmé quotidiennement pour maintenir les systèmes physiques dans une perspective de guérison et de vitalité est bien installée, nous irons explorer avec le voyageur les aspects plus douloureux du psychisme.

En tant que guides, nous avons constaté que, pour libérer le psychisme, il faut un minimum d'énergie vitale. C'est pourquoi, dans le cas d'un problème psychosomatique, nous dirigeons d'abord le voyageur vers le physique.

L'entonnoir

À chaque palier du voyage, soit la relaxation, l'endroit de rêve et l'endroit sacré, le voyageur s'est préparé intérieurement à quitter les sphères de sa personnalité consciente pour se mettre en présence de son préconscient. Il a amorcé une descente dans l'énergie de ses profondeurs et se prépare à un dialogue avec son monde intérieur. Ce dialogue n'a pas seulement été introduit par les paliers du voyage mais aussi par des questions préalables de la part du thérapeute pour mettre le plus possible en lumière le but du voyage ou tout simplement de l'exploration.

Ainsi le voyageur ne part pas à l'aveuglette : il a nommé consciemment ce pourquoi il a choisi de vivre cette exploration, il s'est mis en présence de son thème de travail. Ce questionnement de la part du thérapeute nécessite une habileté réelle dans la pratique d'un outil que j'ai appelé « l'entonnoir » : celui-ci permet par une série de questions d'aider déjà le voyageur à se mettre en relation avec son thème de travail physique ou psychique, tout en mobilisant sa volonté, son désir et le contenu inconscient qui est déjà présent. L'entonnoir évite l'errance dans l'inconscient.

Prenons un exemple, celui d'une personne qui vient me consulter en me disant : « Je viens vous voir parce que j'ai peur. » La peur est un vaste sujet. Cette personne utilise un langage qui n'est en relation qu'avec le sommet de son iceberg. Si je débute l'exploration par un thème aussi général, mon sujet aura tendance à errer. En revanche, si je l'aide à préciser sa peur, par exemple : « De quoi avez-vous peur ? – Je ne sais pas, mais je crois que j'ai peur des gens. – De quels gens plus précisément ? – J'ai peur des gens qui sont autoritaires », j'obtiens des précisions utiles sur le « j'ai peur » du début. Le voyageur est entré dans son « entonnoir ». À partir de là, nous pouvons aller plus loin et questionner le sujet sur ce que signifie pour lui « gens autoritaires » et ainsi de suite.

L'entonnoir permet de mettre le sujet en présence de l'émotion qui sous-tend son thème de travail, il est une forme de descente vers l'exploration plus profonde qui l'attend. Les mots utilisés par le sujet sont ici fort importants et seront renommés tels quels par le thérapeute dans l'endroit sacré lorsqu'il sera temps de questionner l'inconscient.

Le premier réceptif

Utilisons à nouveau le symbole de l'iceberg pour imager les paliers du voyage.

Le premier réceptif se déroule ainsi : le voyageur est dans son endroit sacré en présence de son thème de travail. L'intervenant nomme alors le thème d'exploration en prenant soin d'utiliser les mots du voyageur. Il invite celui-ci à demander intérieurement à son inconscient de laisser venir toutes les informations nécessaires sous forme visuelle ou auditive, ou kinesthésique ou olfactive ou gustative qui sont en relation avec le thème de travail. Il l'invite aussi à se maintenir en état de réceptivité, d'accueil et à laisser venir les renseignements qui se présentent à lui sans les juger.

Il informe ensuite le voyageur qu'il va se taire pendant quelques minutes pour lui permettre d'être en présence de ce qui vient spontanément. La durée de ce silence est approximativement de 3 minutes : si le temps de réceptivité est trop long, le voyageur risque de se perdre. Toutefois, il a été entendu avant les paliers du voyage que s'il a besoin de plus de temps il fait signe à son intervenant. La durée maximale est de 5 minutes.

L'intervenant observe le corps de son sujet et, en cas de difficulté, il demande au sujet de se maintenir à distance du matériel qui surgit de l'écoute de son inconscient. Lorsque le temps de réceptivité est terminé, le sujet est invité à remercier son inconscient et à se préparer à contacter de nouveau son endroit sacré, tout en restant en présence des informations qui furent transmises.

Du premier réceptif à l'endroit sacré

L'intervenant invite le voyageur à clore ce premier temps de réceptivité et à revenir dans son endroit sacré. Il se remet en présence des énergies élevées de son lieu privilégié. Il remercie son inconscient et il se remercie. Puis, il revient dans son endroit de rêve et se prépare à quitter l'espace de l'exploration pour retourner à son état de veille. La voix de l'intervenant l'aide à reprendre conscience de son corps, de la pièce dans laquelle il se trouve, et des informations reçues lors de son premier réceptif.

Mise en présence du contenu psychique du premier réceptif

L'intervenant invite le voyageur à dessiner sur papier ce qu'il a rencontré lors de ce premier contact avec son inconscient, ou à écrire les informations reçues. Lorsque ceci est fait, le voyageur est invité à ajouter à son dessin ou à ses notes ses impressions, et s'il y a lieu les émotions, croyances ou conclusions qui peuvent surgir face à ce premier dialogue avec son inconscient. Le dessin et l'écriture serviront de base d'informations et de données pour le prochain voyage, soit le deuxième réceptif.

Importance de l'échange

Le voyageur est invité à échanger avec l'intervenant sur son dessin ou sur l'écriture de ce qu'il a vécu. Ce temps d'échange est fort important. L'intervenant ne doit faire aucune interprétation : il est là pour écouter, recevoir la matière brute de ce premier dialogue avec l'inconscient du voyageur sur le thème choisi et, le cas échéant, l'encourager et le rassurer. Le voyageur est invité à noter ses rêves dans la semaine qui suit ou toutes autres informations sous la forme de signes de jours en lien avec son thème d'exploration.

Deuxième et troisième réceptifs

Le deuxième réceptif se vit à une semaine d'intervalle approximativement du premier, à moins qu'il n'y ait urgence tels un diagnostic médical important, une opération subite, etc.

Le voyageur vit les mêmes paliers de « décompression », relaxation, endroit de rêve, endroit sacré, choix du thème et vécu du deuxième réceptif. Les mêmes étapes de remontée sont proposées : mise en présence du contenu, échange et, après une semaine d'intégration, le voyageur se présente pour le troisième réceptif qui sera le dernier avant l'étape de la reconstruction. Il est étonnant pour tout intervenant en IT de contempler l'évolution du thème de travail d'un réceptif à l'autre. Les informations livrées par l'inconscient passent en premier lieu par la libération des images d'enfermement (premier réceptif) pour évoluer vers la libération des images de transformation (deuxième réceptif) et la montée des images de guérison (troisième réceptif).

À la fin de l'étape initiale des réceptifs, le voyageur est en possession des informations précises qui l'aideront à aligner son énergie de guérison lors de l'étape décisive du programmé.

Pour rendre ceci plus concret, je vais vous communiquer les images intérieures que j'ai contactées lors de mes réceptifs. Bien sûr, il s'agit du résumé d'un travail de plusieurs années, car l'exploration du monde intérieur demande beaucoup de temps et d'attention. Voici mon thème de travail :

État présent : Thème physique : l'arthrite rhumatoïde vient d'attaquer l'articulation de ma hanche, je suis seule face à ma maladie. Les médecins ne peuvent plus rien pour moi sauf la pose d'une hanche artificielle. Je demande de l'aide, je cherche une solution en moi.

État désiré : Je me guéris de cette arthrite, je retrouve l'usage de mes jambes et ma liberté.

Premier réceptif : « *Je vois mon corps, je ressemble à une vieille femme, j'ai 40 ans mais j'ai l'impression d'en avoir 70. Je suis raide, vieille, dure et fermée. Mon regard est terne, mon corps est en souffrance, je me sens desséchée par les médicaments et la maladie. Si je ne change pas quelque chose, je vais mourir ainsi.* » **Images d'enfermement.**

Deuxième réceptif : *« Mon corps se transforme, je vois sortir de moi, par mon côté droit, le corps de la vieille femme et en même temps je vois entrer en moi par ma gauche, un corps nouveau, transformé. Je me sens souple, mieux. J'ai l'impression de me retrouver et de retrouver un corps qui est mien. »* **Images de transformation.**

Troisième réceptif : *« Mon corps est souple, beau, tendre, il prend son expansion, mes genoux s'assouplissent. Je me sens belle, je me sens vivante et vibrante. Je suis assise sur une plage de rêve. »* **Images de guérison.**

Nous pouvons contempler à travers ces réceptifs l'évolution des images d'enfermement en images de guérison. Ces dernières sont venues naturellement. Elles sont l'expression de la libération d'un état d'enfermement qui fut la maladie (état présent) à un état de transformation et de libération (conformément à l'état désiré). Entre chaque réceptif, de semaine en semaine, je libérais mon corps et les émotions qui y étaient logées par des mouvements d'éveil corporel[1].

Le réceptif/programmé

Il existe une étape ultime au réceptif. Cette étape n'est nécessaire que dans le cas où le voyageur n'a pas reçu suffisamment d'indication sur ses pistes de guérison. Alors nous questionnons l'inconscient une dernière fois par le biais du réceptif/programmé.

---

1. Approche à la fois douce et profonde qui respecte totalement l'individualité, les mouvements d'éveil corporel invitent à une rencontre intime avec notre être dans l'exploration du corps conscient. Cf. Marie Lise Labonté, *Mouvements d'éveil corporel*, éditions de l'Homme, 2004.

Le voyageur demande directement à son inconscient de lui donner des pistes de guérison qui nourriraient la construction de son programmé. Il reçoit des réponses sous toutes les formes possibles sans les juger, revient de ses paliers du voyage et revit les mêmes étapes que pour les autres réceptifs.

Ce processus est utilisé pour nourrir la terre intérieure qui servira de soutien à l'étape décisive du programmé.

9
Le programmé

L'alignement de l'état désiré

Une fois les pistes de guérison rencontrées dans cette écoute de l'inconscient, le voyageur est prêt à bâtir son programmé. En présence de son guide, il contemple les informations reçues de l'inconscient à travers les réceptifs et aussi à travers les dessins et les écritures. Déjà, les images intérieures d'enfermement qui exprimaient la difficulté ont évolué vers des images de transformation et de guérison. Il est alors temps de considérer l'état désiré nommé en présence du moi conscient au début du voyage et ce que l'inconscient maintenant suggère comme solution pour un plus grand équilibre de l'être. Est-ce que la matière reçue dans l'écoute de l'inconscient correspond à la description de l'état désiré lors de la première rencontre ? Il se peut… et il est aussi possible que l'inconscient ait amené des informations différentes et que le voyageur se retrouve en présence d'un état désiré qui se soit transformé, et qui s'est adapté à l'énergie de ses profondeurs. En tant que guides, nous lui suggérons grandement d'écouter la destination que lui propose son inconscient, qui vient de l'énergie de ses profondeurs, de son monde intérieur plutôt que ce que le conscient désire avant le voyage entrepris et qui est souvent basé sur des fausses personnalités ou une volonté qui n'est pas en harmonie avec son âme.

Prenons l'exemple d'une patiente qui était très malheureuse parce qu'elle ne parvenait pas à avoir de relation amoureuse stable. Cette femme avait dépensé des fortunes dans des agences matrimoniales, avait déjà essayé toutes formes de visualisation sur l'amour et le mariage, mais n'avait fait que s'enfoncer un peu plus dans l'échec. Le rejet était présent au rendez-vous depuis des années et son corps maintenant s'exprimait par des symptômes aigus de vaginite. Cette femme est donc venue me consulter avec le même désir ardent de se marier (état désiré). C'était son rêve malgré tous les échecs et la symptomatologie. Ne connaissant pas son histoire, je l'ai questionnée sur ce qu'elle vivait dans sa vie amoureuse et ce pourquoi elle aspirait tant au mariage. C'est ainsi qu'elle s'est décidée à me parler de sa vie amoureuse et à me confier cette expérience récurrente de rejet qu'elle vivait dans toutes ses relations ave les hommes (état présent).

Au fur et à mesure de cette rencontre, j'ai pris conscience à quel point cette femme était fixée intérieurement depuis des années dans la volonté et le désir de se marier à tout prix. De plus, elle avait tendance à accuser tous les hommes de la planète, se positionnant dans un rôle de victime attendant le prince charmant qui la délivrerait du rejet. Elle avait aussi créé une distance très grande face au rejet, de façon que j'avais l'impression que c'était quelqu'un d'autre qui le vivait. Autant dire que ma patiente avait peur d'aller contempler ce rejet qu'elle vivait face aux hommes. Elle se réfugiait dans un déni[1] de l'état présent. Elle avait peur de ce qu'il cachait. Jamais elle

1. Le déni est le « mécanisme qui permet de nier totalement une réalité extérieure ou intérieure douloureuse, par exemple la perte d'un être cher, la trahison, le rejet ou l'annonce d'un diagnostic, et de nier que cela s'est passé, jusqu'à l'oublier et jusqu'à se construire une autre réalité ». Cf. Marie Lise Labonté, *Le Déclic*, *op. cit.*, p. 28.

n'avait osé regarder intérieurement ce qui faisait qu'elle vivait tant de rejets amoureux.

Avec sa permission, nous avons débuté le voyage intérieur qui vient d'être décrit et nous avons questionné son inconscient sur le rejet. Il était urgent de le faire : il y avait là une tension qui avait besoin de s'exprimer et de se libérer. Dès le premier réceptif, les symptômes physiques ont diminué. L'amélioration s'est poursuivie de réceptif en réceptif. Lorsque ma patiente s'est présentée à l'étape ultime du programmé, elle n'avait plus de vaginite. De son inconscient est alors venue l'information très claire que le rejet qu'elle recevait des hommes cachait chez elle une peur folle (inconsciente) de s'engager. Il y avait certes une raison profonde à cette peur de l'engagement : son inconscient lui demandait de prendre son temps pour aller contempler ce thème de la peur de l'engagement. Il lui demandait un temps d'intégration.

Nous nous sommes alors dirigées vers le programmé avec une tout autre vision de l'état désiré : ma patiente était loin d'être prête au mariage. Quel n'était pas son soulagement de constater qu'il n'y avait pas d'urgence à se marier et qu'elle pouvait vivre en premier lieu une relation intime en apprivoisant sa peur de l'engagement et en cessant de mettre son compagnon et elle-même sous l'obligation du mariage...

Comme vous pouvez le constater, ni le voyageur ni le guide ne savent ce qui fait partie du voyage : c'est l'inconnu. Toutefois cet inconnu n'est pas si inconnu du monde intérieur du voyageur, il est inconnu de la personnalité de surface mais pas de la profondeur. C'est pourquoi le corps (siège de l'inconscient) de ma patiente a immédiatement exprimé une libération des symptômes pour un meilleur équilibre de ses systèmes. Nous avions retrouvé pour elle une harmonie entre son inconscient et son conscient, son corps l'exprimait. Ainsi chaque fois que ma patiente visualisait une imagerie construite sur le mariage dans un livre acheté chez le libraire, elle renforçait sa peur de l'engagement et créait (inconsciemment) du rejet pour ne pas rencontrer cette peur.

La construction du programmé

Construire un programmé permet non seulement de viser l'énergie de guérison, mais aussi de stimuler l'énergie physique et psychique d'un individu. Le programmé est habituellement construit sur les pistes de guérison des réceptifs et en tenant compte des informations reçues de l'inconscient. Je dis « habituellement » car il y a toujours des exceptions à la règle. Comme cet ouvrage n'est pas un manuel de formation, je ne vais pas m'attarder sur les exceptions. Lorsque la programmation est en relation avec l'inconscient et le préconscient du sujet, il n'y a pas de danger d'être dans l'illusion ou de rester dans des attentes de cures miraculeuses puisque l'obtention de la guérison est basée sur l'écoute de la douleur et des aspects d'enfermement qui étaient à l'origine de la difficulté. Prenons un autre exemple : imaginons que je souffre d'un cancer et que mon intention soit de guérir, si je ne veux pas reconnaître que mon état présent est le cancer, comment puis-je guérir ? Jouer l'autruche ne sert pas le conscient, l'inconscient et l'équilibre de l'être. Comme je l'ai déjà dit, pour se guérir, nous avons besoin d'aller à l'écoute de la difficulté sans s'y perdre et nous avons aussi besoin d'aligner l'énergie de guérison dans toutes nos cellules sans nous nourrir d'illusions.

Si la construction d'un programmé est basée sur les faits réels de l'inconscient face à la difficulté et se nourrit des pistes de guérison qui sont venues de la profondeur de l'être, il n'y a aucun danger d'errance. L'énergie de guérison se construit et se vit à chaque seconde du quotidien.

Je vais maintenant partager avec vous le programmé que j'ai construit lors de la guérison de mon arthrite rhumatoïde et qui m'a aidé grandement, tel un soutien quotidien, à rassembler mon potentiel de guérison. C'est à partir de mon troisième réceptif rempli d'images de guérison que j'ai construit le programmé suivant.

Le scénario :

« Je suis au bord de la mer. La plage m'est familière. Mes yeux enregistrent la couleur du ciel, de la mer, du sable. C'est un lieu de rêve. Je suis en maillot de bain. Je vois mon corps en entier bruni par le soleil. Je marche, mes pieds sont souples, ils s'enfoncent dans le sable chaud, les vagues viennent se briser dessus. Je vois mes belles jambes élancées, dynamiques, souples et énergiques. Mes cicatrices au genou, deux sillons dans ma chair, je les trouve belles. Je vois mon bassin et mon dos, mon ventre, ma poitrine, mes épaules, mes fesses.

Je vois mes bras et mon cou harmonieusement rattachés à mon tronc, mon visage souriant et calme. Mes yeux sont pleins de vie, pétillants de joie. Je marche, je cours, je batifole en harmonie avec l'univers. Je suis remplie d'énergie, amoureuse de la vie.

L'eau dont je m'asperge me purifie, ma peau brille et mon énergie intérieure me fait resplendir. Je me laisse inonder par ces images. Je suis heureuse d'être guérie. Je suis belle. »

Comme vous pouvez le constater, ce scénario est très simple. Il n'est pas construit selon une syntaxe élaborée et, en plus, il y a des répétitions de mots. Le programmé ne recherche pas une écriture parfaite, il est avant tout un canevas simple et très personnel. Tout programmé est personnel, il est une somme des mots mis en phrases pour construire un scénario de guérison.

Il se peut qu'en tant que lecteur, vous ne puissiez comprendre le choix de ces mots, de ces phrases et de leur déroulement. Toutefois, chaque mot, chaque syntaxe, chaque image visuelle et kinesthésique avait un sens. Un sens qui était le mien à cette époque, car il s'agissait de ma guérison et uniquement de la mienne. Je n'ai pas décrit les images auditives, olfactives et gustatives. Toutefois elles étaient présentes : je sentais la mer, je l'entendais, je goûtais la beauté du paysage. Tous mes sens étaient interpellés. C'est pourquoi, dans tout programmé, le guide se doit d'être très vigilant pour respecter les mots choisis, les phrases et le contenu en entier du scénario. Souvenez-vous des dernières images de guérison de mon troisième réceptif : j'étais sur une plage. J'ai ainsi choisi de débuter mon programmé à partir de cette plage de rêve et de construire le scénario autour d'elle. Encore aujourd'hui, la plage, la présence de la mer et le soleil sont pour moi un lieu de repos et de reconstruction intérieure.

Le contenu du programmé

Le choix des mots, des phrases et des modalités d'images

La construction d'un programmé nécessite la collaboration du voyageur et du guide. Les mots sont ceux choisis par le voyageur. Le guide n'impose ni ses images ni ses mots, mais sa présence est nécessaire pour aider le voyageur à se maintenir toujours en présence de l'univers de ses réceptifs. Les pistes et les images mises en mots ne doivent pas être trop fortes, afin de ne pas susciter de la peur ou des résistances. Elles sont « justes » et amènent un bien-être dans l'immédiat, même si le voyageur est conscient que le but est en voie d'être. Il le vit comme s'il était atteint dans l'instant présent. Le texte du programmé ressemble à un scénario qui se vit dans le moment présent, dans le mode associé[2]. Toutefois, le scénario peut débuter en mode dissocié puis passer au mode associé dans le vécu des images de guérison. Les images de guérison sont vécues directement dans le moment présent même si elles sont un canevas, une projection d'un état désiré. Ainsi le scénario a un début, une montée et une fin comme un réel scénario de film. Les phrases sont courtes, concises, concrètes. Elles sont représentatives de la réalité du voyageur.

Reprenons l'exemple de mon programmé :

« Je suis au bord de la mer. La plage m'est familière. Mes yeux enregistrent la couleur du ciel, de la mer, du sable. C'est un lieu de rêve. »

Le début du scénario, je l'ai construit en mode associé. J'aurais pu débuter en mode dissocié par exemple : « Je me vois au bord de la mer… », et continuer en mode associé. Pour ma part j'ai préféré le mode associé car c'est plus direct. J'étais prête à vivre mon programmé.

Continuons :

« Je suis en maillot de bain. Je vois mon corps en entier bruni par le soleil. Je marche, mes pieds sont souples, ils s'enfoncent dans le sable chaud, les vagues viennent se briser dessus. Je vois mes belles jambes élancées, dynamiques, souples et énergiques. Mes cicatrices au genou, deux sillons dans ma chair, je les trouve belles. Je vois mon bassin et mon dos, mon ventre, ma poitrine, mes épaules, mes fesses.

[Pause pour visualiser ce qui est décrit.]

---

2. Voir chapitre 3.

Je vois mes bras et mon cou harmonieusement rattachés à mon tronc, mon visage souriant et calme. Mes yeux sont pleins de vie, pétillants de joie. Je marche, je cours, je batifole en harmonie avec l'univers. Je suis remplie d'énergie, amoureuse de la vie. »

Le milieu de mon scénario. L'espace créé par le paragraphe signifie que j'ai fait une pause importante pour me permettre de vivre les images à l'intérieur de moi. Nous sommes dans le cœur de mon programmé, l'action de guérison y est décrite par les adjectifs « souples, dynamiques, énergiques » et les verbes « marcher, courir, batifoler, remplir d'énergie et aimer la vie ».

Continuons :

« *L'eau dont je m'asperge me purifie, ma peau brille et mon énergie intérieure me fait resplendir. Je me laisse inonder par ces images. Je suis heureuse d'être guérie. Je suis belle.* »

La fin du scénario. La fin est très importante. Les phrases démontrent un processus d'élimination, de purification des toxines physiques et psychiques dont le résultat est l'émanation d'un bien-être et l'affirmation de la guérison. Attention, si j'affirmais cette guérison c'est parce que je la ressentais même si je n'étais pas guérie à 100 % : j'affirmais une guérison que je ressentais déjà et je continuais de l'avoir en perspective pour qu'elle continue de s'installer dans toutes les cellules de mon corps.

Les sous-modalités[3]

Tous les sens sont présents. Il a été démontré qu'une visualisation avait une puissance de guérison si tous les sens étaient utilisés par la personne qui visualise. Même si le voyageur est plus visuel que kinesthésique, le guide doit s'assurer que tous

3. Voir chapitre 3.

les sens seront quand même utilisés dans le programmé. Ils se développent avec la pratique. Le voyageur ne voit pas uniquement sa guérison : il l'entend, la ressent, la hume et la goûte.

Le rythme

Le rythme du programmé est important car il permettra au voyageur de se poser entre les phrases pour vivre ses images de guérison comme si elles se réalisaient maintenant. Ainsi le guide lui laisse le temps de vivre dans sa chair et à travers tous ses autres sens le scénario de guérison.

La voix

La voix du guide est douce, profonde et authentique. Le guide vit le programmé du voyageur en même temps que lui. Ainsi il se met dans sa peau et sa voix porte alors la réelle sensibilité et la présence nécessaire pour aligner l'énergie de guérison.

L'intensité

Les émotions positives sont nécessaires et accompagnent le vécu du programmé. L'intensité est présente, elle est palpable. Elle ne doit être ni trop forte ou ni absente. Elle est « juste ».

Le déroulement

Une fois que le texte est prêt, le guide fait une première lecture du scénario au voyageur qui l'écoute tout simplement et peut y apporter des corrections si nécessaire. Les corrections peuvent consister dans le choix d'un mot plus explicite, ou d'un autre rythme de lecture. Il est encore temps d'en faire.

Puis, lorsque cette première lecture est terminée, le voyageur s'installe confortablement pour vivre son programmé. S'il est malade et fatigué, il peut lui être demandé de s'asseoir pour ne pas s'endormir. Sinon, il peut être étendu. Il débute par les paliers du voyage : relaxation, endroit de rêve, endroit sacré. Une fois cet état altéré atteint, le guide débute la lecture du programmé. Le voyageur part de son endroit sacré et entre dans son scénario. Il le vit puis, lorsque c'est terminé, le guide le laisse quelques secondes de plus en présence de son programmé et le ramène dans son endroit sacré, puis dans son endroit de rêve, puis le voyageur revient dans la pièce.

La durée

La durée d'un programmé est d'environ 20 minutes avec toutes les étapes comprises. Le texte ne doit pas dépasser 7 minutes, ce qui donne 13 minutes pour vivre les paliers du voyage. Pourquoi 20 minutes ? Pour permettre au voyageur de vivre cette exploration trois fois par jour, le matin, le midi et le soir. Cette fréquence amène de très grands résultats physiques et psychiques. La majorité du temps est consacrée aux paliers du voyage pour permettre au voyageur d'atteindre l'état altéré de conscience qui lui permettra de s'imprégner profondément de la programmation.

Les étapes qui suivent le premier programmé et les résistances possibles

Le programmé n'est pas une fin : il est le début d'un long processus. Une fois qu'il est lu au voyageur, le guide le fait vivre avec toutes les étapes de « décompression » tout en l'enregistrant sur une bande. Le voyageur peut ainsi repartir avec son enregistrement et l'écouter de une à trois fois par jour. Un rendez-vous est fixé la semaine qui suit. Le guide vérifie si le voyageur vit bien son programmé et s'il y a des interférences qui peuvent surgir de la part de son inconscient. Si tout va bien, il poursuit son chemin avec le programmé et revient visiter son guide chaque semaine.

S'il y a des résistances, le guide se préoccupe de leur force, de leur forme et contenu et du moment où elles apparaissent.

Il est important d'identifier le degré de **force** de ces résistances. Si elles sont faibles, elles vont passer et le voyageur peut poursuivre son exploration. Si elles sont de l'ordre de moyenne à forte, il est alors important de s'en occuper. Ceci signifie que la programmation est trop forte pour l'écologie de l'être. Les résistances sont amenées par les parties inconscientes de l'être et sont un signe que le programmé doit être réajusté à la profondeur du voyageur présent. Ainsi un dialogue avec elles est nécessaire ainsi qu'un réajustement du programmé.

Elles peuvent prendre maintes **formes**. Elles peuvent être soit des symboles, par exemple l'apparition d'un monstre ou le visage d'une mère négative ou d'un père réprobateur pendant la visualisation ou pendant les paliers du voyage. Elles peuvent être aussi de l'ordre de croyances qui se manifestent par des voix intérieures par exemple : « Je ne suis pas capable, je n'y arriverai jamais », etc. ; ou encore des sensations kinesthésiques de froid, picotement désagréable, resserrement, étouffement, douleurs musculaires, contractions ou encore des rêves récurrents, des cauchemars.

Si elles sont d'ordre moyenne à forte, il sera important de contempler leur **contenu** pour découvrir les aspects inconscients qui ont besoin de se manifester. L'outil pour aller explorer le contenu des résistances et écouter leur langage est soit un retour au premier réceptif dans l'écoute de l'inconscient, soit l'imagination active[4] qui invite à un dialogue avec l'inconscient.

Le **moment** où se présentent les résistances est important. Si elles se vivent avant le scénario du programmé, c'est-à-dire pendant les paliers du voyage, cela signifie qu'il y a des aspects inconscients de l'individu qui ne veulent pas cette guérison ou qui n'y croit pas. Cela ne veut pas dire nécessairement que le programmé est trop fort. Si elles se manifestent pendant le scénario, cela signifie habituellement que le scénario n'est pas assez ajusté à la personne. Si elle se manifeste après, cela signifie qu'il y a des peurs du changement que la guérison pourrait amener dans le quotidien du voyageur.

L'accompagnement

Un programmé est toujours accompagné d'outils tels la méditation, l'exercice physique, une diète alimentaire adaptée à la personne, un travail psycho-corporel qui permettent de libérer les tensions musculaires et aussi psychiques, émotionnelles[5] ou des exercices de respiration.

Ces outils sont des baromètres de l'énergie psychique et physique du voyageur et aussi des soutiens sur son chemin de guérison. Il est invité par son guide à consacrer du temps à alimenter sa force physique et psychique par des pratiques spécifiques, en plus de vivre son programmé une à trois fois par jour. Ces pratiques sont simples et ont pour but d'agrémenter le quotidien et non pas de l'alourdir. Le programmé et les outils d'accompagnement font partie d'une autodisci-

4. Voir chapitre 14.

5. Comme ma propre méthode MLC : Méthode de libération des cuirasses®.

pline qui aide le processus de guérison. Cette autodiscipline inclut des moments pour :

– jouer à l'opposé de se perdre dans l'introspection ;

– se détendre à l'opposé de se tendre autour de sa guérison ;

– se nourrir à différentes sources d'énergie, telles la respiration, l'alimentation saine à l'opposé de se fixer sur sa maladie ;

– stimuler sa force vitale par de l'exercice physique à l'opposé de s'avachir dans une paresse corporelle ;

– communiquer avec les autres à l'opposé de s'isoler avec son problème ;

– contempler ses besoins, ses désirs, ses aspirations à l'opposé de s'enfermer dans un désespoir.

Vous retrouverez la plupart de ces outils dans la proposition de Nicolas dans son chapitre intitulé : « Le yoga psychologique » (chapitre 16).

Enfin cet accompagnement est important et il nous renseigne sur l'attention que le voyageur porte à son processus de guérison. Est-il vraiment prêt à s'impliquer ou préfère-t-il que la guérison vienne sans qu'il ait à collaborer ?

Comme vous pouvez le constater, le programmé est le début d'une longue exploration intérieure et le voyageur est amené à s'impliquer plus profondément dans la recherche d'une qualité de vie. Il quitte la survie qui accompagne souvent l'état présent pour se diriger, à travers l'étape décisive du programmé, vers son état désiré. Et cet état est atteint lorsque sa vie devient une vie créatrice où le conscient et l'inconscient, et encore plus le Moi et le Soi se tiennent main dans la main.

Nous venons de voir, dans cette deuxième partie, le voyage que le voyageur peut vivre. Voyons maintenant dans la troisième partie quelles sont ces terres inconnues ou ces pays étrangers qu'il peut découvrir. De quoi ils sont composés. Quels sont les habitants qui y vivent. Et comment nous pouvons les rencontrer.

Troisième partie

L'univers de l'Inconscient

10
Le paradis perdu

Au cours de l'hiver 1990, une femme souffrant d'un cancer du sein vient me consulter pour la seconde fois. Elle s'appelle Louise. En arrivant, sur un ton amical et enthousiaste, elle me dit :

« Nicolas, il y a quelque chose que je ne comprends pas dans votre méthode. Vous me parlez de l'importance dans le processus de ma guérison du concept de l'inconscient. Tout cela me semble abstrait, nébuleux. Franchement je ne sais pas quoi en penser : s'il est vrai qu'il y a en moi un Inconscient qui est capable de me tuer ou de me guérir, dites-moi, s'il vous plaît, pourquoi durant toute ma vie je n'en ai jamais entendu parler ? »

Les propos de Louise sont venus me rappeler que la plupart d'entre nous ne savons rien de cette dimension de notre être qui influence tellement nos destinées. J'ai pris alors conscience, encore plus qu'auparavant, combien dans notre culture, l'Inconscient, la base même sur laquelle s'édifie notre existence personnelle et collective, était ignoré.

Privés de la connaissance de ce facteur qui détermine nos destins individuels, nous sommes coupés de cette source d'énergie, d'information et d'inspiration incommensurables que représente la sagesse ancestrale qui y est contenue. De plus, notre ignorance, savamment entretenue par les systèmes d'éducation et par les médias (après avoir œuvré pendant trente ans dans ces deux sphères, j'en suis un témoin averti), nous expose aux attaques, aux incursions inévitables de l'Inconscient qui s'efforce ainsi de reprendre sa place légitime dans nos vies.

Donc, pour reprendre l'expression de Louise, si cette dimension intérieure « peut me tuer ou me guérir », que dois-je savoir, vraiment, à son sujet ?

L'Inconscient, une définition

Il n'a pas lieu ici de faire un exposé scientifique exhaustif sur l'histoire et la définition de l'Inconscient. Le lecteur intéressé pourra se référer à l'abondante littérature freudienne et jungienne disponible à ce sujet. Je vais plutôt me restreindre à la définition habituelle donnée par les jungiens : l'Inconscient représente ce vaste monde intérieur ineffable qui habite chaque être humain et qui contient toutes les dimensions dont nous ne sommes pas conscients. Son appellation plutôt insipide a un rapport avec le terme oriental qui signifie « vide », mais désigne également le monde intérieur sublime. Nous savons pertinemment bien que ce monde n'est point vide, mais comme ses contenus sont en apparence de nature personnelle et subjective, nous ne voulons pas les ériger en système généralisé.

L'Inconscient est une réalité tangible, connaissable par le biais de ses nombreuses manifestations. Personne ne peut nier, par exemple, que chaque individu reçoit, chaque nuit, cinq ou six messages de son monde intérieur sous forme de rêves. Il y a également tous les hasards significatifs que nous rencontrons dans nos vies et que Jung appelle événements synchronistiques[1]. Figurent aussi dans cette catégorie tous les messages reçus au cours de consultations psychologiques, par le biais des arts divinatoires, le Yi-King, le tarot, l'astrologie, etc.[2]. De plus, l'Inconscient s'exprime dans les visions spirituelles, dans la méditation profonde, dans la créativité de tout ordre.

Le lien entre Inconscient et état de santé

J'écris ce mot Inconscient avec une majuscule, parce que je considère qu'il est d'une importance capitale dans l'évolution de l'être humain : il participe à la vie depuis des âges immémoriaux, il accompagne l'évolution humaine d'une façon cachée, ignorée, refoulée... et, de mon point de vue de thérapeute, il existe un lien direct entre le refoulement de l'Inconscient et l'état de santé précaire des humains en général. Pour étayer cette conception, je m'appuie principalement sur la pensée d'Emmanuel Kant, sur celle de Jung, ainsi que sur celle d'un auteur jungien de grande renommée, Edward Edinger[3], mais je pourrais citer toute une série d'autorités bien connues dont la recherche aboutit à des conclusions semblables aux miennes.

Il est d'abord nécessaire de rappeler que, selon Kant, il existe trois façons de percevoir la réalité. Premièrement, il y a le monde phénoménal, le monde tel qu'il est. Deuxièmement,

1. Voir à ce sujet le chapitre 13 consacré à la synchronicité.
2. *Id.*
3. Edward Edinger, *The New God-Image, Creation of Consciousness*, 1996.

il y a le monde des apparences, le monde phénoménal tel que nous le percevons : c'est un monde subjectif. En troisième lieu, il y a le monde de la réalité ultime, « dimension inconnaissable » – définition prudente – qui se trouverait au-delà des perceptions et des représentations de la pensée.

Nos plus lointains ancêtres vivaient dans le monde phénoménal, avec lequel ils s'identifiaient parfaitement, guidés, soutenus de l'intérieur par une force intelligence instinctive qui, dans ma compréhension personnelle, et par rapport à la pensée kantienne, résulterait d'une union ou d'une interaction entre la réalité du monde phénoménal et la réalité ultime et qui serait ce que nous appelons aujourd'hui l'Inconscient. Je tiens ici à préciser que je n'ai aucune prétention philosophique mais qu'il s'agit simplement d'expliquer ma propre compréhension d'un processus.

Avec le développement du cerveau humain, le cortex, la conscience s'est élargie (ce moment est illustré dans la Genèse par le moment où l'homme, ayant goûté dans le Paradis au fruit de l'arbre de la connaissance, se voit nu et en éprouve de la honte) et le rapport avec l'intelligence instinctive s'est perdu. L'être humain s'est graduellement retrouvé dans le monde subjectif, où tout n'est qu'apparence, façade, projection. Dans cette situation nouvelle, il a dû trouver des solutions aux problèmes que lui posaient la survie, la sécurité, le bien-être du groupe et il a construit un monde nouveau à son image, le monde qui est le nôtre, aux dimensions amplifiées. Dans ce monde « de création humaine » perdurent toutefois des influences de l'ordre ancien : l'être humain se laisse happer par la violence de sa dimension animale et garde aussi un contact éphémère avec la réalité ultime qui continue d'influencer son existence. Mais ne sachant plus communiquer avec notre sagesse intérieure ancestrale, nous souffrons d'un manque aigu de sens, d'un sentiment d'infériorité que nous compensons par une violence de moins en moins camouflée et par toute une série de comportements compulsifs.

L'apport de Jung

Face à cet héritage, Jung a apporté un renouveau qui ouvre une époque originale dans l'histoire de l'humanité. Premièrement, il nous a rappelé l'importance qu'a, dans nos mondes psychiques personnels et collectifs, l'influence des grandes religions, des mythologies, des contes de fées et les méthodes de recherche transcendantale telles que le yoga, la gnose, l'alchimie… Il nous a rappelé également qu'il n'y a pas d'êtres sans racines, et que si notre héritage peut parfois nous immobiliser dans un conformisme stérile, il peut aussi nous servir de tremplin vers des horizons inexplorés. En se basant sur ce qu'il a trouvé de meilleur dans les traditions ancestrales aussi bien que sur les découvertes de sa propre pratique psychanalytique, Jung nous a offert sa vision personnelle de l'être humain : « C'est un animal avec une grande âme. »

Deuxièmement, Jung a revalorisé les anciens moyens de communication avec l'intelligence intérieure : l'interprétation des rêves, la méditation imaginative, une certaine forme de médiumnité et les méthodes divinatoires basées sur le concept de la synchronicité. Grâce à lui, ces diverses disciplines ne représentent plus des superstitions ridiculisées et condamnées, mais deviennent des voies privilégiées de connaissance de la psyché.

Troisièmement, Jung nous a fourni une sorte de géographie de l'âme en définissant les structures et les composantes de l'Inconscient. Pour lui, chaque groupe, petit ou grand, est influencé par son propre inconscient. Adoptant l'idée centrale de la philosophie hindoue qui veut que le Dieu cosmique se manifeste dans chaque individu, il a proposé le concept d'inconscient collectif. À travers cette dimension universelle, chaque individu est relié – invisiblement, mais d'une façon tangible – à tous les êtres humains qui vivent sur la Terre et à tous ceux qui y ont vécu. Une telle hypothèse confère à la personne une dimension élargie : dorénavant elle est dotée d'une profondeur transcendantale décisive.

En fin de compte, Jung nous a mis en contact direct avec notre dimension illimitée et intemporelle, qui ne serait qu'utopie et chimère s'il ne nous avait pas également enseigné comment en faire l'expérience, rejoignant ainsi les grands initiés de l'humanité, comme Zoroastre, Socrate ou le Christ. Sa pensée reprend également la proposition du Bouddha dont la troisième noble vérité affirme qu'on se libère de la souffrance par le nirvana, la quatrième étant qu'on réalise le nirvana par la méditation.

À mon avis, la troisième noble vérité de Jung est qu'on se libère de la souffrance en établissant une communion avec le Soi, c'est-à-dire avec sa totalité intérieure, la quatrième étant qu'on réalise la communion avec le Soi par le processus d'individuation. Le parallèle est parfaitement établi. Vingt-cinq siècles après la proposition du Bouddha à l'Orient, Jung offre à l'Occident la possibilité de se libérer de la souffrance existentielle par le travail sur soi-même, avec le soutien de l'aspect indéfectible de son monde intérieur.

L'objectif de la méthode « Images de transformation® » est de repartir du symbole central, du moi subjectif, déchiré, souffrant, en posant les bonnes questions, en retirant les projections, en établissant un nouveau niveau de conscience et une nouvelle vision du monde. Il nous faut recréer un lien solide avec le « monde phénoménal », reconnaître les besoins instinctifs, les exprimer selon une nouvelle éthique réaliste et responsable, tout en prenant contact, également, de plus en plus profondément avec le « monde inconnaissable » de Kant, le monde transpersonnel. Nous savons aujourd'hui que ce monde commence à être connaissable, par la méditation, la science, la réflexion et surtout à travers ses images : les rêves et les visions.

Peut-être pourrons-nous, ainsi faisant, au moins un peu, nous guérir de notre aliénation antique face à l'Inconscient ? Cela voudrait dire que le monde subjectif fragile, déchiré, aurait servi à la réunion de nos trois mondes distincts.

11
Le langage de l'Inconscient

Si vous aviez l'occasion de côtoyer un vieux sage chinois qui connaît bien des secrets de la vie, mais qui ne parle aucune langue occidentale, comment vous serait-il possible de bénéficier de sa clairvoyance ? Tout au plus pourriez-vous vous laisser imprégner de son rayonnement énergétique. Si, par contre, vous appreniez que les connaissances de cet homme pourraient vous sauver la vie, qu'elles pourraient vous guérir ou vous redonner le goût de vivre, vous vous mettriez peut-être à l'apprentissage du chinois.

Cet exemple illustre le genre de situation que nous rencontrons lorsque nous entrons en contact avec les réalités de notre monde intérieur. Car même si l'Inconscient nous parle tout le temps, le plus souvent nous n'y comprenons rien. En effet, pour nous, les Occidentaux, le langage de l'Âme ressemble au chinois, c'est une langue qui n'est pas enracinée dans notre culture. En fait, il s'agit d'un langage symbolique.

Vous savez maintenant le rôle prépondérant que l'Inconscient joue dans notre méthode. Il devient alors évident que pour bénéficier pleinement de cette source de sagesse ancestrale, il nous faut recevoir les messages qu'elle nous envoie. Si nous voulons comprendre nos rêves, les hasards significatifs, mais aussi l'astrologie, le tarot, le Yi-king, aussi bien que les autres arts divinatoires, à un haut niveau psychologique, nous devons nous familiariser avec le langage qu'ils utilisent. Voilà qui peut provoquer l'interrogation : « Pourquoi ce maudit Inconscient parle donc le chinois[1] ? »

La réponse est simple. Nos « langues modernes » existent depuis à peine quelques siècles, alors que le monde à l'intérieur en nous est vertigineusement ancien. C'est pour cette raison que j'appelle le symbole **la langue maternelle de l'Âme**. Et si on tient compte de l'idée que l'Âme, l'Inconscient, est aussi Dieu – Jung n'affirme-t-il pas : Yahvé = l'Inconscient[2] – on peut alors proposer que le langage symbolique, c'est la voix de Dieu, ou si l'on préfère la voix de la nature universelle.

Les dangers de ne pas comprendre le langage symbolique

Erich Fromm, psychothérapeute et auteur bien connu, a consacré tout un ouvrage au symbole, intitulé *Le Langage oublié*. Il va jusqu'à suggérer que le langage symbolique devrait être la langue seconde que toute personne devrait apprendre. Cette affirmation semble nettement exagérée. Et pourtant... Si nous ne comprenons pas le langage symbolique, nous risquons d'être coupés de la plus grande partie de notre être. Nous perdons ainsi des outils, des armes et des trésors qui pourtant nous appartiennent. Nous nous privons de l'information, de l'inspiration, des conseils, qui nous sont envoyés tout le temps par nos dimensions d'intelligence intérieure. De

1. Marie-Louise Von Franz, *The Way of the Dream*, 1998.
2. Edward F. Edinger, *The Transformation of the God Image*, 1992, p. 87.

plus, ne comprenant pas le langage antique des symboles, nous ne pouvons comprendre les messages des grandes traditions religieuses, mythologiques et artistiques de l'humanité. Le langage biblique par exemple est pétri de symboles : lorsque Jonas est avalé par une baleine – ce qui est impossible –, c'est en fait dans le sein maternel sécurisant qu'il se réfugie pour fuir la mission que son Inconscient (par la voix de Dieu) lui impose, et c'est parce que son attitude de fuite devient oppressante qu'il se sent enfermé et implore sa délivrance. C'est même une réalité tout à fait tragique que, dans notre culture, nous sommes privés de la compréhension juste des idées fondamentales de notre civilisation. Est-il alors surprenant de voir que ce qui caractérise l'humanité du début du XXIe siècle, c'est la névrose, la violence et l'inconscience généralisée ? Les statistiques le démontrent amplement.

Le mystère du symbole

Le spécialiste Joseph Campbell, grand mythologue américain, rapporte une anecdote qu'il a entendue lui-même d'une de ses amies, une femme de science d'Israël. Cette dame se retrouve un jour au Guatemala, à l'occasion d'un congrès. À l'hôtel, elle entre en conversation avec la femme de chambre qui lui pose la question : « D'où venez-vous ? – De Jérusalem », répond-elle. La petite dame indienne, nous dit Campbell, qui ne connaît pas la géographie, mais qui connaît bien sa religion, en reste ébahie : « Mon Dieu ! Alors vous venez du ciel ! »

À travers cette histoire, Campbell attire notre attention sur le danger que représente la mauvaise compréhension du symbole. « Le symbole est une énergie qui informe le corps humain et qui informe l'univers », dit-il. Nos énergies personnelles vont suivre la direction que nous leur donnons. Si notre objectif de vie est une réalisation spirituelle, nous pouvons l'appeler Jérusalem céleste. Nous pouvons nous dire que c'est un endroit au-dessus des nuages où nous aboutirons après notre mort : dans ce cas, nous vivrons notre existence en conséquence. Mais si nous pensons que la Jérusalem céleste se trouve à l'intérieur de notre cœur, cela implique un plan de vie tout à fait différent.

Une autre idée de Campbell est relative à la compréhension de la « naissance virginale ». Si, selon lui, nous ne voyons là qu'une étape dans la vie de Jésus, nous passons complètement à côté de ce qui est important. Car pour lui, « la naissance virginale se rapporte à la naissance de la conscience spirituelle dans notre cœur ». Il dit aussi :

> « Les vieux maîtres savaient ce qu'ils disaient. Lorsque nous aurons réappris à lire leur langage symbolique, il suffira d'une anthologie sérieusement établie pour que le renseignement retrouve audience. »

Et encore :

> « Le moindre des contes de nourrice est doté de ce pouvoir caractéristique de toucher et d'inspirer les centres créateurs profonds[3]. »

3. Joseph Campbell, *Les héros sont immortels*, Seghers, 1987.

Le conte de Blanche-Neige, un exemple d'interprétation

Plus concrètement, voyons un peu ce qu'un de ces « contes de fées » bien connu, très ancien aussi, peut nous dire aujourd'hui. J'ai choisi de montrer comment peut s'interpréter symboliquement le début du conte de Blanche-Neige. Le voici :

> « Un jour, en plein hiver, alors que les flocons de neige tombaient du ciel comme des plumes, une reine cousait, assise devant une fenêtre dont le cadre était de bois d'ébène. Tout en cousant, elle jetait parfois un coup d'œil à la neige et, soudain, elle se piqua un doigt et trois perles de sang tombèrent sur la neige. Le rouge sur la blancheur de la neige paraissait si beau qu'elle dit : "Ah, si j'avais un enfant blanc comme la neige, rouge comme le sang et noir comme le bois de cette fenêtre[4] !" »

Demandez et vous recevrez : la reine donne bientôt naissance à l'enfant désiré. Malheureusement, nous apprend l'histoire, la reine meurt peu après.

Symboliquement, pour moi, la reine signifie la partie féminine consciente, réfléchissante dans le moi de n'importe quelle femme, depuis longtemps et encore aujourd'hui. Dans la situation proposée par le conte, elle se livre à une activité réservée autrefois surtout aux femmes : elle coud. Le paysage enneigé symbolise la froideur, la nature morte, endormie. Le bois d'ébène représente un élément de la nature, donc féminin, dans son aspect inconnu, mystérieux ou négatif. La femme, en cousant, jette des coups d'œil sur le paysage à travers la grille d'ébène de sa féminité largement inexplorée et primaire. Elle

4. Jacob et Wilhelm Grimm, *Contes et légendes*, éditions de la Fontaine du Roy.

devient consciente de sa créativité refoulée et du manque d'amour dans le monde et dans son environnement personnel. Cela fait surgir en elle tristesse, frustration, colère. La violence éclate alors sous forme d'un accident.

Comme par hasard, c'est le doigt phallique, celui qui montre la direction, qui engage l'action, qui est blessé. Le sang qui gicle peut symboliser un traumatisme, une souffrance, une tendance sadomasochiste, une perte de libido, mais aussi un élan vital, un renouveau. Le chiffre trois représente une dimension de la totalité dans sa fonction dynamique, agissante, créatrice.

Cet « accident » fait éclater une situation, un cercle vicieux, qui a longtemps duré. On peut penser à des traumatismes d'enfance douloureusement refoulés, cuirassés, aux héritages transgénérationnels paralysants, aux effets débilitants qui résultent de l'oppression millénaire de la femme, mais la liste des causes peut être bien plus longue.

L'éclatement des gouttes de sang fait naître en notre reine-femme d'aujourd'hui le désir intense de donner naissance à une petite fille, c'est-à-dire d'accéder à un renouveau intégral de sa féminité, de sa vie de femme – demandez, et vous recevrez ! Mais qu'arrive-t-il quand cette merveilleuse féminité se pointe à l'horizon ? Dans la vie de femme d'aujourd'hui symbolisée par le conte – bien sûr –, *personne ne meurt*. Par contre, l'apparition de la féminité révolutionnaire fait peur. Le moi conscient si désireux de changement se fait récupérer par ses valeurs superficielles désuètes. L'orgueil et la jalousie se manifestent et commencent alors la longue et périlleuse lutte entre l'ancien et le nouveau.

Dans l'histoire de Blanche-Neige, la reine marâtre finit par tuer sa belle-fille à l'aide d'une pomme empoisonnée. Blanche-Neige se retrouve dans le cercueil de verre. Cela symbolise la situation de toute femme qui, inconsciemment, gobe une influence maternelle démissionnaire et anti-vie. Elle est littéralement enfermée dans une cuirasse transparente. N'importe qui peut voir sa beauté, mais personne ne peut toucher son cœur ou son corps. Et c'est seulement si un autre accident – un acte de Dieu – se produit que le poison est vomi et le « mariage avec le prince » – la communion avec la masculinité positive extérieure et intérieure – peut être célébré.

Le conte de Blanche-Neige concerne plus particulièrement la psychologie féminine. Il y en a d'autres qui concernent l'homme : Jean de Fer, Le Petit Poucet, etc. Mais qu'il s'agisse de Cendrillon ou de Barbe-Bleue, ces récits symboliques représentent pour nous une richesse collective et personnelle inconcevable. Il en est de même en ce qui concerne les récits mythologiques. Selon Joseph Campbell :

> « Il ne serait pas exagéré de dire que le mythe est l'ouverture secrète par laquelle les énergies inépuisables du cosmos se déversent dans les activités créatrices de l'homme[5]. »

Les concepteurs de nos systèmes d'éducation ne sont pas du même avis. Les mythes sont jugés inutiles et nuisibles par des politiciens et par des techniciens incultes et inconscients. Nous avons perdu ainsi une protection puissante contre le mal existentiel en même temps que contre la maladie. Il est bien possible, nous dit Joseph Campbell, que la grande fréquence de névroses que nous constatons autour de nous soit liée à cette carence :

> « Nous restons fixés aux images non exorcisées de notre petite enfance et peu disposés de ce fait à franchir les seuils indispensables pour parvenir à l'âge adulte. Aux États-Unis, les valeurs ont même été inversées. Le but n'est pas d'atteindre l'âge mûr mais de rester jeune, non pas de devenir adulte, en se détachant de la mère, mais de lui rester attaché[6]. »

5. *Ibid.*
6. *Ibid.*

La mère symbolique, c'est la nourriture, le sucre, l'alcool, les drogues, l'armée, les sectes et même la télévision (« le téton électronique »). Peu de gens réalisent à quel point ils sont prisonniers de ces accoutumances.

L'interprétation des symboles

En redécouvrant les secrets et les subtilités du langage symbolique, nous accédons à une manière d'être jusque-là inimaginable. Mais comment s'y prendre pour retrouver une démarche découragée depuis des millénaires, comment réapprendre ce langage oublié ?

Il y a bien sûr des dictionnaires des symboles, que nous appelons parfois « clefs des songes ». Ils nous informent sur les aspects traditionnels occultes et banals du symbole : perdre une dent, par exemple, annonce la mort d'un proche du rêveur ou de la rêveuse. Ou encore : un chat noir représente le « mauvais œil ». Mais, la plupart du temps, le symbole a une signification multidimensionnelle, dont seuls les dictionnaires valables tiennent compte[7]. Ils nous éclairent sur les différentes interprétations possibles : encore faut-il savoir choisir parmi elles. Pour le débutant, c'est un travail long et quelquefois frustrant, mais celui qui s'intéresse sérieusement aux symboles finit par les reconnaître un peu partout : dans les rêves, dans les tarots, au cinéma, dans la peinture, dans les événements de la vie quotidienne. « Tout est signe, tout est symbole. » Il peut commencer à les déchiffrer, s'en amuser, s'en émer-

7. Voir une liste de ces dictionnaires dans la bibliographie, ainsi que le texte « Les trente principes de l'interprétation des rêves » en annexe.

veiller, s'en enrichir ensuite. Ça prend du temps, d'apprendre le chinois… Mais c'est cela qui ouvre la porte de notre caverne d'Ali Baba intérieure.

Le symbole et la santé

Par rapport aux « Images de transformation », notre méthode de guérison et de bien-être, évoquons l'affirmation : « Les symboles non compris deviennent des symptômes. » Si cette affirmation est juste – et nous savons par expérience qu'elle l'est –, alors, pour nous, le symbole est un allié précieux dans l'aide de la personne souffrante. On peut même reformuler notre phrase de la façon suivante : « La compréhension du sens symbolique du symptôme consacre la guérison. »

12

La voie royale : le rêve

« Dis-moi de quoi tu rêves et je te dirai qui tu es. » Cette ancienne boutade exprime une sagesse populaire bien éprouvée. En effet, pour le spécialiste, les rêves parlent un langage connu. Les messages qui viennent de notre monde intérieur le renseignent sur notre état de santé chancelant, nos angoisses paralysantes, nos rapports amoureux problématiques, notre créativité potentielle ignorée, l'état critique de l'environnement et toute autre réalité qui nous touche ou qui devrait nous toucher du point de vue de l'Inconscient.

Le rêve et la santé

Mais pourquoi parler autant des rêves dans cet ouvrage ? Les « Images de transformation » n'utilisent pas l'interprétation des rêves comme telle, il est vrai. En revanche, il peut arriver qu'au cours d'un processus de rapprochement vers l'Inconscient, on reçoive un rêve prodigieux, ou toute une série de rêves intrigants. Il ne faut pas alors être pris au dépourvu. Les quelques notions présentées ici pourront déjà – comme nous l'espérons – rassurer les novices peu ou mal renseignés. Celui qui a accès à un interprète compétent pourra largement tirer profit de ces messages de l'Inconscient. Pour les débutants les plus hardis, nous incluons en annexe nos « Trente principes » qui leur permettront de faire leurs premières armes. Mais même un rêve que nous ne comprenons pas peut nous aider, pour peu que nous le recevions avec respect, que nous l'écrivions, que nous le racontions et que nous méditions pendant quelque temps son message.

Si la relation entre le monde des rêves et la méthode des « Images de transformation » revêt une importance particulière, c'est parce que les rêves ont un rapport très net avec notre santé, et généralement dans un sens de guérison. Hippocrate avait déjà remarqué que les rêves dévoilent des dysfonctionnements corporels qu'aucun symptôme n'a encore révélés. Dans l'Antiquité – surtout en Grèce –, on pratiquait « l'incubation des rêves ». Les pèlerins se rassemblaient autour des sanctuaires et participaient à des rites de purification, à des jeûnes, à des processions nocturnes. Pour finir, ils allaient dormir dans les temples et dans des grottes. Soudain, l'un d'eux poussait un cri, se réveillait, racontait son rêve. Les autres se réveillaient à leur tour, criaient, racontaient. Prêtres et prêtresses interprètes se tenaient prêts. Ils expliquaient le rêve, et la rêveuse ou le rêveur se sentait déjà mieux. Nous possédons de cette époque des documents qui décrivent fidèlement l'atmosphère de ces cérémonies et énumèrent un certain nombre de guérisons « miraculeuses ». La pratique de l'incubation a continué dans les églises catholiques jusqu'au VIIe siècle, sinon que ce n'était plus Asclépios, dieu grec de la santé, qui venait guérir les malades, mais plutôt des saints catholiques.

Aujourd'hui, la médecine officielle a largement oublié les préceptes d'Hippocrate. On ne fait plus le rapport non plus entre la guérison et les pèlerinages des malades vers les divinités intérieures. Mais grâce à Freud et à Jung, grâce à leur mise en œuvre des ressources du monde de l'Inconscient, un soleil nouveau se lève sur le monde de la santé. Nous savons désormais que le *soma* et la *psyché* fonctionnent dans une symbiose quasi totale. Cette nouvelle connaissance et conscience fait du rêve une ressource inestimable dans la compréhension et le traitement des maladies. Même le monde scientifique pur et dur commence à s'ouvrir à cette potentialité.

Depuis l'aube de l'humanité et par tous les peuples de la Terre, les rêves ont été respectés, craints, suivis, ceci le plus souvent d'une façon religieuse. Ainsi, le rêve est une manifestation universelle et la collection de rêves enregistrés et préservés au cours des âges représente un des grands trésors culturels de l'humanité.

Des exemples bibliques

Pour essayer de démontrer comment et pourquoi les rêves ont influencé les individus, les pays et les cultures, nous avons choisi, parmi les innombrables exemples, trois récits de rêves qui proviennent de la tradition judéo-chrétienne.

Débutons par l'histoire de Jacob. Celui-ci rêve que, depuis l'endroit où il est couché, une échelle est dressée jusqu'au ciel, sur laquelle les anges de Dieu montent et descendent. Yahvé se tient au sommet de l'échelle et il lui parle. Il lui promet que ses descendants se répandront sur la Terre entière, et qu'un jour il les ramènera à l'endroit où Jacob est couché.

Rêve prémonitoire, d'accomplissement du désir, mythe ou révélation ? On peut l'appeler de différentes façons. Pour moi, c'est plus particulièrement un rêve de protection et d'encouragement. Il faut savoir qu'au moment où Jacob reçoit ce rêve, il vient d'usurper le droit d'aînesse de son frère. Il est en fuite. Il est seul dans la nuit, les animaux sauvages ne sont pas loin, une pierre sous sa tête en guise d'oreiller. Le monde intérieur lui envoie un message qui lui promet qu'il deviendra l'ancêtre des douze tribus d'Israël et – nous le savons – la promesse va magnifiquement s'accomplir.

Ce genre de rêve nous montre, et c'est là que réside son importance, que le monde intérieur continue de nous parler tout le temps, et surtout quand nous vivons des crises dangereuses, débilitantes. Mais avons-nous encore la foi d'un Jacob ? Jung aimait raconter l'histoire d'un vieux rabbin à qui on posait la question : « Pourquoi Dieu ne nous parle-t-il plus aujourd'hui comme il le faisait dans l'antiquité juive ? » La réponse du rabbin et de Jung est la suivante : « Dieu continue de nous parler, mais il n'y a plus personne qui se penche assez bas pour l'entendre. »

Pour illustrer la grande compassion et l'immense tendresse de l'Inconscient, voici aussi l'exemple d'une jeune femme de la région de Montréal. Il y a quelques années, son père a tué sa mère et son frère, et il voulait la tuer aussi, mais n'a pu la trouver et il s'est finalement suicidé. Quand cette femme est venue me consulter après la tragédie, elle était nettement suicidaire, ce qui était d'autant plus grave qu'elle attendait un enfant. Eh bien, cette dame a reçu, nuit après nuit, les plus beaux rêves du monde. Elle se retrouvait au ciel, où elle rencontrait son père. Celui-ci la prenait dans ses bras et lui disait combien il l'aimait. Ou elle était cordialement accueillie par des divinités et pouvait visiter différentes parties du paradis. Elle s'émerveillait de scènes d'une beauté incomparable. Elle éprouvait des sentiments de grande joie et d'extrême bien-être. Peu de temps après, elle avait trouvé assez de ressources pour donner naissance à son fils.

Dans la Bible, les rêves non seulement sauvent quelquefois la vie des individus, mais peuvent également protéger des pays entiers. Le plus bel exemple – bien connu – est le rêve du pharaon que Joseph, onzième fils de Jacob, interprète de façon prodigieuse. Le pharaon avait vu sept vaches grasses et bien en chair sortant du Nil, suivies aussitôt par sept vaches maigres et laides qui les dévoraient. Puis, le rêve s'était répété, en quelque sorte : le pharaon vit sept épis pleins et beaux monter de la même tige, suivis par sept épis grêles et brûlés qui les dévoraient. Joseph en déduisit que sept années de bonne récolte seraient suivies de sept années de disette, évitant ainsi à l'Égypte la famine et le désordre.

On peut aussi évoquer le rêve de saint Joseph. Dans l'Évangile, le charpentier Joseph s'aperçoit un jour que sa fiancée est enceinte. Selon les coutumes de l'époque, il aurait pu alors la répudier ou la tuer tout simplement. Mais alors l'Ange du Seigneur lui apparaît en songe et lui dit : « Joseph, fils de David, ne crains pas de prendre chez toi Marie, ta femme, car ce qui a été engendré en elle vient de l'Esprit Saint[1]. » Bien entendu, Joseph obéit à la voix du songe. C'est ainsi que toute l'histoire d'une civilisation ne tient peut-être qu'à un rêve... La mère du Bouddha, avant de donner naissance, rêve qu'elle accouche, par son flanc, d'un grand éléphant blanc symbolisant une grande puissance spirituelle instinctive. Mahomet est initié à sa mission par un songe où l'ange Gabriel le conduit au septième ciel.

Freud, le précurseur

La redécouverte de l'importance des rêves dans les temps modernes, nous la devons à Sigmund Freud. Selon lui, « le

1. Matthieu 16.

rêve est la voie royale vers la connaissance de l'âme ». S'inspirant de la tradition judaïque, il nous explique qu'« un rêve non interprété est comme une lettre qu'on a écrite, qu'on a envoyée et que personne n'ouvrira ». Et il en fait la seule base solide de sa psychologie. Grâce à lui, l'être humain a aujourd'hui une image beaucoup plus juste et réaliste de lui-même.

Si Freud est le grand théoricien du rêve, pourquoi alors ne pas nous appuyer ici sur ses interprétations et analyses, et pourquoi préférer celles de Jung ? La réponse est simple. La méthode freudienne, alors qu'elle est extrêmement complexe et prend beaucoup de temps, ne s'applique qu'à un pourcentage restreint de rêves. Freud voit essentiellement dans le rêve, y compris dans les cauchemars, un accomplissement du désir[2], et il s'intéresse uniquement à la vie instinctive de l'être humain. Il ne s'intéresse pas à ces rêves prémonitoires ou annonciateurs qui nous viennent de l'Antiquité et qu'il déclare n'avoir jamais rencontrés. Pour lui, les symboles déguisent toujours un message, et le rêve est en fait là pour protéger notre sommeil. D'ailleurs, aujourd'hui, les psychanalystes freudiens ne s'intéressent que très rarement à l'interprétation des rêves.

La révolution révolutionnée

Il en va très différemment pour Jung : celui-ci voit dans le rêve une manifestation multidimensionnelle qui nous informe, certes, de nos instincts, mais nous renseigne également sur les traumatismes de notre enfance, sur des questions relation-

2. Sigmund Freud, *L'Interprétation des rêves*, Presses Universitaires de France, p. 112-113.

nelles, sur notre créativité, nos interrogations philosophiques, nos quêtes spirituelles… En effet, les rêves constituent la base la plus importante de la psychanalyse jungienne :

> « Dans l'activité onirique, libéré de la tyrannie efficace, mais nécessairement partiale et unilatérale de notre attention volontaire, notre esprit échappe pour un temps aux limites du monde quotidien, aux lois de la matière et de l'espace-temps. S'éveillant à un autre mode d'être, notre âme fait, chaque nuit, l'expérience de sa totalité. (…) Le rêve ramènera alors le puritain vers sa condition animale, l'intellectuel vers le monde concret et quotidien, celui qui se surestime verra ses défauts ou ses travers soulignés ou son contentement de soi ridiculisé, mais celui qui se sous-estime se verra par contre valorisé[3]. »

La théorie de Jung est en effet que la plupart des rêves compensent notre attitude consciente, ce que Goethe exprimait de la façon suivante :

> « La nature humaine est dotée de pouvoirs merveilleux. Elle recèle à son tréfonds la secrète présence des accents les meilleurs de la vie à l'instant même où nous fondons en elle le moins d'espérance. Il m'est arrivé parfois de m'endormir en pleurs. Mais un rêve me hantait qui me présentait les formes les plus charmantes venues pour me consoler et me bercer. Le lendemain, je me levais dispos et joyeux. »

Mais bien des rêves vont au-delà de la fonction compensatrice. Il y a des « rêves prospectifs », qui nous indiquent, souvent d'une manière dramatique, que notre attitude face à la vie est inadéquate. C'est à cette catégorie qu'appartiennent les cauchemars : ils terrifient les humains depuis l'aube des temps,

3. Francine Saint René Taillandier, *C.G. Jung et la voie des profondeurs*, éditions La Fontaine de Pierre, 1980.

mais ont donc une fonction utilitaire et peuvent littéralement nous sauver la vie à certaines occasions. Dans un cours sur le rêve en Suisse, une dame nous en a raconté un : elle rêve une nuit qu'elle descend la route très escarpée de son village pour se rendre en ville. Au moment de s'engager dans une courbe, elle essaie de ralentir, mais les freins ne fonctionnent pas : la voiture tombe dans un ravin et explose. Cette dame s'est réveillée très angoissée. Ce matin-là, elle devait effectivement se rendre en ville, et, avant de prendre la route, elle s'est arrêtée au garage. Le propriétaire, pour la rassurer, lui a rappelé que la voiture avait été complètement révisée deux jours plus tôt. Elle a pourtant insisté pour qu'on vérifie de nouveau les freins. Et il s'est avéré qu'ils étaient, en effet, défectueux.

D'autres rêves ont une fonction initiatique : ils nous permettent de faire des découvertes scientifiques, nous dictent des romans, nous font entendre une musique à transcrire, nous présentent des tableaux qu'il suffit de transposer sur nos toiles... Ils offrent des visions insoupçonnées, transcendantes, cosmiques, à celui ou celle qui pose « la bonne question ». Jung lui-même a découvert les archétypes pour ainsi dire à travers un de ses « grands rêves ».

Rêves, science et intuitions

Une récente étude a été menée à l'université d'Alberta (Canada), avec le concours de 470 étudiants, sous la direction de Don Kuiken, spécialiste des rêves et professeur de psychologie. Selon l'étude, les rêves pourraient aider à résoudre des problèmes ou des conflits vécus la veille ou même sept jours avant, qu'ils soient liés à des accidents, des crimes, des examens manqués, des querelles, etc. Cette « découverte » scientifique rejoint finalement la tradition millénaire.

Moi, le cinéaste, j'interprète ce fait comme l'existence en chacun de nous d'un réalisateur de grand talent qui nous connaît et qui veut notre bien. Il nous parle dans un langage cinématographique de très haute qualité. Il fait des efforts désespérés pour nous aviser que nous sommes dangereusement coupés de notre nature profonde. Ses images veulent nous guider, nous guérir, nous amener vers ces dimensions intérieures où tout, pour citer Baudelaire, n'est qu'« ordre et beauté, luxe, calme et volupté ».

En vingt-cinq années de travail sur les rêves, je n'en ai pas encore rencontré un qui aurait été négatif pour le rêveur ou la rêveuse. Bien sûr, je sais que les interprètes attirent les rêves qui les intéressent. Mais comme j'ai pu interpréter un minimum de 20 000 rêves, je tiens aussi de cette expérience qu'en nous vit un « ami fidèle et fiable », et c'est pour cette raison que j'ose le recommander. Évidemment, ce n'est pas une idée nouvelle, mais il nous faut la redécouvrir et en profiter pleinement.

Terminons ce chapitre par la définition que Jung donne du rêve :

> « Le rêve est une porte étroite, dissimulée dans ce que l'âme a de plus obscur et de plus intime ; elle s'ouvre sur cette nuit originelle cosmique qui préformait l'âme bien avant l'existence de la conscience du moi et qui la perpétuera bien au-delà de ce qu'une conscience individuelle aura jamais atteint. (...) Par le rêve, (...), nous pénétrons dans l'être humain plus profond, plus général, plus vrai, plus durable, qui plonge encore dans la pénombre de la nuit originelle où il était un tout et où le Tout était en lui, au sein de la nature indifférenciée et impersonnelle[4]. »

4. Carl Gustav Jung, *L'Homme à la découverte de son âme*, Albin Michel, 1984, p. 80.

13

Les signes de jour

Nous savons que, même si nous n'en gardons pas le souvenir, nous rêvons toutes les nuits et qu'une bonne partie de notre sommeil est consacrée aux activités oniriques. Ce qui est moins connu, c'est que nous continuons à rêver durant le jour. L'Inconscient s'efforce de nous informer, de nous aider et de nous inspirer pendant l'état de veille également. Mais ces messages ne parviennent à la conscience que dans des cas rarissimes. Pendant quelques moments de sieste peut-être ? Généralement, ils passent inaperçus. Pour mieux le comprendre, on peut faire une analogie avec un ciel étoilé. Pendant une nuit claire, nous voyons bien le scintillement des corps célestes, mais quand le jour se lève, ils sont éclipsés par les rayons du soleil. De la même façon, les rêves sont effacés par l'éclat de la conscience éveillée. Mais l'Inconscient n'abandonne pas pour autant son œuvre protectrice, créatrice, initiatrice. Il choisit alors de transformer les rêves – signes de nuit – en événements synchronistiques – signes de jour. Pour les apercevoir, pour en tirer profit, il faut une fois de plus être averti. Il faut littéralement apprendre à utiliser ces messages subtils et souvent sublimes.

D'abord, qu'est-ce que la synchronicité ?

> « La synchronicité, nous dit Jung, est une coïncidence significative entre des événements intérieurs et extérieurs sans qu'existe entre eux une relation causale. »

Exprimé plus simplement, il s'agit d'événements qui se manifestent sans cause apparente mais qui produisent des impressions étranges, mystérieuses, parfois quasi miraculeuses. Les événements synchronistiques consciemment enregistrés provoquent en général l'émerveillement, mais souvent l'inquiétude et parfois l'effroi.

Les maladies comme événements signifiants

Une fois posée cette définition, nous pouvons revenir à la même question que nous avons déjà posée par rapport aux rêves : pourquoi parler des occurrences synchronistiques dans un ouvrage consacré à la guérison ? La réponse est simple, évidente et multidimensionnelle.

Nous pouvons immédiatement nous fonder sur un exemple. L'événement synchronistique le plus fréquent, c'est la maladie. Très souvent, il existe dans l'âme, dans l'Inconscient, des manques, des frustrations, des déséquilibres, des tensions qui retentissent de manière négative sur le corps. Je ne dis pas que toute maladie est nécessairement un événement synchronistique, mais nous savons avec certitude qu'un grand nombre de maladies dérivent d'états d'âme négatifs, de milieux familiaux malsains, de lieux de travail stressants, de conditions environnementales toxiques… Il existe à ce sujet des livres magnifiquement inspirés et documentés, comme celui de Michel Odoul, *Dis-moi où tu as mal et je te dirai pourquoi*[1]. Aussi, si la guérison nous intéresse, nous ne pouvons ignorer ces coïncidences significatives.

1. Michel Odoul, *Dis-moi où tu as mal et je te dirai pourquoi*, Albin Michel, 2002.

Nous avons donc tout intérêt à examiner les symptômes physiques qui nous torturent. Le livre de Michel Odoul peut grandement nous aider à découvrir certaines causes bénignes de nos malaises. Dans certains cas plus graves, toutefois, il est nécessaire d'aller plus en détail, en profondeur dans l'investigation. C'est alors que l'imagerie réceptive, elle-même souvent inspirée par des coïncidences significatives, peut être de la plus grande utilité.

Prenons un exemple. Un de mes clients atteint d'un cancer souhaitait connaître l'origine de son mal. Au cours de nos conversations, il s'est souvenu que sa mère, à qui il était exagérément attaché dans son enfance, lui avait souvent dit de rester très économe. Or, avant l'apparition de son cancer, cet homme avait perdu 300 000 dollars dans un investissement où il avait fait confiance à des « bons amis » – « toute ma réserve pour mes vieux jours », disait-il. La prise de conscience de ces données l'a probablement aidé dans son processus d'autoguérison.

Rappelons ici que, selon Jung, un mal de dos, une bronchite, une constipation chronique peuvent être le signe d'un mal-être général et même d'une tendance suicidaire inconsciente.

Les accidents

Il est un autre champ très vaste dans lequel la synchronicité se rencontre aussi à tout moment : celui des accidents. Freud a déjà amplement démontré que l'Inconscient s'exprime souvent par des actes manqués, des lapsus, des comportements compulsifs... La pensée logique, rationnelle, éthique, est alors contredite, trahie par des actes irrationnels qui dévoilent et détruisent une attitude que l'on veut bonne, positive, magnanime. La plupart de ces accidents synchronistiques ne sont pas très graves. En voici un exemple : un homme, lors d'une soirée amicale, renverse son verre de vin rouge sur la robe blanche d'une femme qu'il admire ; peut-être aurait-il voulu, en réalité, envahir le corps de cette femme d'un élan passionnel plus concret ?

Malheureusement, bien des accidents synchronistiques ont une fin plus tragique. Au volant d'une moto, d'une auto, le moindre geste peut facilement provoquer la déviation fatale. Un désir inconscient peut causer ce geste, entraînant parfois la mort pour soi ou pour un autre. Un de mes clients avait quatre ans quand sa mère a mis au monde son petit frère. Il n'aimait pas ce nouveau venu : depuis sa naissance, il recevait moins d'attention, moins de caresses. Deux ans plus tard, ce refus s'est concrétisé à son insu. Ses parents lui avaient bien recommandé de toujours fermer soigneusement la porte du jardin où se trouvait la piscine familiale. Mon client, qui avait six ans à l'époque, avait bien enregistré la consigne. Sauf qu'un jour, il l'a « oubliée ». La porte du jardin est restée ouverte et son petit frère s'est noyé.

Même une bonne connaissance de la réalité des coïncidences significatives ne nous permettra pas d'éviter tous les dangers de l'existence – tous les accidents d'ailleurs ne sont pas provoqués par des actes manqués –, mais elle peut nous donner « une chance », un avantage qu'autrement nous n'aurions pas. Un certain nombre de mes clients ont décidé de me consulter suite à des accidents. Ils sentaient très fortement que la cause du malheur qui les avait frappés se trouvait dans leur monde intérieur inconnu.

Les événements synchronistiques arrivent souvent en concordance avec les rêves. Déjà, Freud nous a appris que les rêves se réfèrent aux événements vécus par le rêveur ou la rêveuse la veille et que ceux-ci touchent souvent un traumatisme d'enfant refoulé. En voici un exemple : une de mes élèves, au cours d'une retraite thérapeutique, a revu en rêve sa personnalité de la petite enfance sous la forme d'un petit oiseau faible et maladroit… Le lendemain matin, en ouvrant la porte qui donnait sur le jardin, elle a trouvé sur le seuil un petit oiseau mort. Elle a immédiatement compris que sa personnalité puérile était maintenant morte, dépassée.

La compréhension jungienne

« Jung a introduit l'idée de la synchronicité pour éliminer le fantasme, la magie et la superstition qui entourent et qui sont provoquées par des événements imprévisibles et impressionnants », nous apprend Michael Fordham[2]. Pour Jung, l'inexplicabilité de ces événements « ne vient pas du fait que leur cause est inconnue, mais plutôt du fait que leur cause ne peut même pas être représentée en des termes intellectuels ». Alors, du point de vue cartésien, la synchronicité serait impossible à saisir ? La science récente[3] nous dit plutôt : « La synchronicité a une cause, mais cette cause n'a pas encore été découverte d'une façon scientifique », ce qui n'est au fond pas plus éclairant.

Pour en revenir à la théorie jungienne, il existerait un *unus mundus*, une unité intrinsèque du tout, où tout se touche dans l'espace et le temps d'une manière indéfinissable. Cette sorte

2. *Synchronicity : An Acausal Connecting Principle*, Editorial Preface, Princeton University Press.

3. Allan Combs et Mark Holland, *Synchronicity : Science Myth and the Trickster*, Marlowe and Company, 1996.

d'idée, on peut la rencontrer dans certaines propositions de la physique quantique. Qu'en penser ?

La réalité paradoxale est la suivante : quelles que soient les théories, qu'elles soient valables ou non, la synchronicité fonctionne. Elle est réelle : nous en faisons tous les jours l'expérience.

Un exemple frappant

Un jour, je rends visite à une amie dont l'attitude face à l'existence est visiblement négative et défaitiste, en raison d'une enfance particulièrement tragique. Dans notre conversation, j'essaie de lui être utile par quelques conseils de bonne volonté. Comme cela ne sert à rien, nous gardons un moment le silence, absorbés l'un et l'autre dans nos pensées respectives plutôt sombres. Et brusquement, nous sommes secoués par un bruit de tonnerre. Un vase de cristal lourd, qui était placé sur la table près de nous, vient tout à coup d'éclater en mille morceaux. Quelque temps après l'explosion, des sons stridents sortent encore des débris tombés à terre et qui continuent à se désagréger en éclats minuscules.

Peu de temps après cet événement troublant, mon amie tombe gravement malade.

D'habitude, les signes de jour ne frappent pas à nos portes avec autant de fracas. Ils se manifestent en douceur, surtout quand la situation n'a pas atteint l'état de crise majeure, mais ils ne s'en manifestent pas moins. Ils nous poussent dans le dos à la manière d'un ange gardien avisé et tendre. Ils nous guident, nous encouragent : « Avance, élargis ta conscience, deviens ce que tu es ! » Ce n'est que si nous perdons de vue complètement nos objectifs humains que les « coïncidences » apparaissent brutalement pour nous donner une dernière chance, l'espoir de saisir une planche de salut.

Une utilité insoupçonnée

Pour comprendre la principale utilité de ces coïncidences significatives, il faut aussi nous rappeler que la cause de nos souffrances psychologiques et corporelles se trouve souvent dans la projection, dans le transfert. Nous projetons nos négativités comme nos qualités positives sur les autres. Nous ne les voyons pas comme ils sont, parce que nous les transformons pour pouvoir les juger ou les admirer pour des traits de caractère qui, au fond, nous appartiennent. Nous nous acharnons à les améliorer, c'est-à-dire à les violer, au lieu de nous occuper de notre patrimoine psychique personnel. Il en résulte évidemment conflits, violence et destruction autant sur le plan personnel que collectif. C'est la projection qui motive souvent l'assujettissement des nations, les massacres raciaux, les actes de terrorisme effroyables. Et c'est là justement, face à cette escalade de violence aveugle, que l'application du concept de synchronicité pourrait apporter une lueur d'espoir concret.

La base de cette espérance est la réalité qui veut qu'un être humain avisé et volontaire peut transformer la projection en synchronicité, en s'efforçant d'en saisir le sens caché. Dans la projection, l'énergie est dirigée vers un objet et est ainsi perdue pour l'être qui projette. En prenant conscience du processus, on peut arrêter cette perte, rediriger l'énergie vers le sujet et la transformer en une action créatrice.

Si, par exemple, je tombe éperdument amoureux d'une femme qui me fascine, je peux lui laisser prendre un pouvoir absolu sur mon destin. J'en deviendrai totalement dépendant et, si elle me prive de ses faveurs, je sombrerai peut-être face à elle ou face à moi-même dans une attitude agressive. Si, par contre, en réfléchissant mûrement à la situation, je suis capable de réaliser qu'au fond elle représente aussi, en moi, cette belle féminité qui chez elle me fascine tant, dans ce cas l'apparente fatalité est relativisée. Je peux libérer ma féminité positive longtemps réprimée. Elle peut m'aider à évoluer vers des activités créatrices. Ainsi je peux aimer la femme réelle qui m'a permis cette transformation d'une façon plus réaliste, donc plus détachée et aussi plus profonde[4].

Voilà l'objectif, au moins à long terme : voir les signes, en être informés, en être transformés, en être « guéris ». Et pour ne pas manquer l'appel qui peut faire de nous des « élus » pour le grand festin de la vie, souvenons-nous du mot de passe transmis par le maître Pradnjam Pad à son élève, le grand yogi français Arnaud Desjardins : « La vigilance, c'est la voie. »

Quand on est attentif à la présence des événements synchronistiques, on finit par les apercevoir en grand nombre. La personne avisée peut rencontrer jusqu'à sept ou huit de ces occurrences tous les jours. Ils communiquent à l'existence individuelle un intérêt, un agrément, une inspiration, une profondeur…

Cependant, il faut rester attentif car, comme chaque grande réalité de la vie, la synchronicité a aussi son côté sombre :

---

4. Voici ce que Marie-Louise von Franz nous dit, à propos de l'être humain avisé : « Tout en vivant en pleine harmonie avec le rythme de l'énergie psychique et son régulateur, le Soi, il n'a plus de projections. Il voit la réalité sans illusion et dans une certaine mesure, lit constamment le sens de tous les événements synchronistiques qui surviennent autour de lui. Il vit dans le courant créateur du Soi, ou même, il est devenu lui-même ce flux. »

une personne à l'affût de la magie, du miraculeux, peut finir par projeter ses désirs dans les signes de jour, et par les voir partout. Il y a là un danger évident. Certains adeptes de la philosophie du *new age*, par exemple, y trouvent la justification de leurs propositions absolutistes et de leurs actions sectaires. Face à la synchronicité, comme face à tout ce qui concerne les messages de l'Inconscient, s'impose une attitude de prudence, de réalisme, de mesure et de discernement.

14

L'art du dialogue : l'imagination active

Parmi les méthodes de communication avec l'Inconscient, la plus importante, mais aussi la plus difficile, a été baptisée par Jung « imagination active ». Beaucoup croient que Jung en est l'inventeur. C'est faux. Nous savons que le dialogue avec l'âme se pratiquait déjà dans l'Égypte ancienne[1]. Dans la Bible, il y a de nombreuses descriptions d'échanges entre Abraham, Jacob et les prophètes avec Yahvé. Naropa, le grand sage hindou particulièrement vénéré au Tibet, est initié à sa mission par un guide intérieur appelé Tilopa[2]. Socrate avait son Daïmon personnel. Le shamanisme utilise depuis bien longtemps le voyage intérieur. En fin de compte, beaucoup de personnes découvrent l'imagination active spontanément. Cela peut se passer au cours d'une simple rêverie, ou encore pendant la pratique de la méditation profonde. Les enfants utilisent ces fantasmes créateurs spontanément pour se consoler ou tout simplement pour s'amuser.

Qu'est-ce qui fait donc que cette « découverte » de Jung est si importante pour notre époque comme pour notre livre ?

---

1. Barbara Hannah, *Rencontres avec l'âme*, éditions Jacqueline Renard, 1998.

2. Herbert V. Guenther, *The Life and Teachings of Naropa*, éditions Shambhala, 1993.

En fait, Jung n'a pas fait que redécouvrir et renommer une pratique ancestrale, il l'a réorganisée et rendue à « l'être humain ordinaire » pour qu'il puisse en tirer profit, s'enrichir de la « connaissance absolue », s'émanciper, dépasser ainsi les limites habituelles de la condition humaine. Cette affirmation peut sembler complètement démesurée et irréaliste, et pourtant... Voici l'opinion de Robert Johnson, auteur du seul livre qui enseigne à haut niveau la pratique de l'imagination active[3] :

> « Je peux dire que l'imagination active est "plus réelle que le réel". Elle n'est pas réelle uniquement dans le sens qu'elle a une valeur pratique et concrète dans nos vies physiques, elle nous connecte également à un monde de forces qui est suprapersonnel et transcendant (...). Elle nous affecte aux niveaux des réalités qui vont plus loin et nous influence plus profondément qu'aucun événement quelconque dans nos vies de tous les jours. »

Qui peut honnêtement soutenir une proposition apparemment aussi vague et fantasque ? La réponse est simple : la personne qui en a fait amplement l'expérience. C'est pour cette raison que nous pouvons offrir cette méthode, Marie Lise et moi, à ceux et à celles qui n'en ont jamais entendu parler. En la présentant, nous devons aussi insister sur son utilité exceptionnelle et révolutionnaire : sans mettre l'emphase sur les valeurs intrinsèques de cette méthode, nous ne pourrions faire comprendre clairement pourquoi elle est le second outil de base de la démarche « Images de transformation® ».

Avant de procéder avec les bases théoriques, j'aimerais donner un exemple concret d'« imagination active » que, selon l'usage des praticiens, je désignerai sous son nom abrégé d'IMAC.

---

3. Robert A. Johnson, *Inner Work*, Harper San Francisco, 1986.

Un exemple parmi mille

Un jour, une dame souffrant d'une arthrite débilitante vient me consulter. Les articulations de ses mains sont gonflées et soudées à un point tel qu'elle peut à peine plier ses doigts. Elle souffre constamment et doit se soumettre à la prise de médicaments redoutables. Pendant le moment que nous passons à discuter, elle refuse de me parler de son enfance : elle se montre tendue et même quelque peu agressive. En désespoir de cause, je lui offre d'explorer l'IMAC. Elle accepte.

Tout de suite après les préparatifs d'usage et le rite d'entrée (voir p. 207), elle me dit :

« C'est drôle, je vois un hippocampe. »

Je lui demande de le décrire.

« C'est bizarre, il porte un bouclier sur sa patte gauche et une lance dans la patte droite.

– Demandez-lui, s'il vous plaît, pourquoi il porte cet accoutrement. »

Je vois à l'expression de son visage qu'elle trouve tout à fait extravagant l'idée de converser avec un poisson. Mais tout de suite son expression change et exprime l'étonnement :

« Il me dit qu'il doit se protéger car le lapin est en train de le bombarder de boules de neige. »

Je lui suggère d'aller voir d'où viennent ces attaques.

« Je vois un palais de glace. Dans une des tours, il y a effectivement un lapin.

– Rapprochez-vous de lui. Demandez-lui pourquoi il s'attaque au pauvre hippocampe.

– Il ne le sait pas trop. Il a reçu un ordre d'un homme, mais ça fait très longtemps. Il nous propose d'aller voir la jeune fille. »

Ma cliente va alors visiter la jeune fille qu'elle a aperçue dans une petite pièce, dans le sous-sol du château, filant d'une façon très concentrée. Sur mes conseils, elle l'interroge sur la raison de son activité. Elle répond : « C'est tout ce que je sais faire. » « Nous » lui demandons si elle ne veut pas prendre une pause, pour aller s'amuser un peu dans « le monde extérieur ». Mais elle se fâche : « Laissez-moi tranquille. Je veux juste continuer à filer. »

Ainsi se termine le premier essai d'IMAC de ma cliente, mais à travers cette rencontre insolite et ses commentaires, j'ai compris la cause tragique de sa maladie.

Cette dame, à l'âge de 18 ans, a voulu devenir danseuse, mais ses parents ont trouvé que c'était une idée folle. Selon eux, leur fille devait apprendre une profession honorable. Ils l'ont alors envoyée dans une école de secrétariat. Ils l'ont aussi fortement poussée à épouser un prétendant qui, pour eux, représentait un « bon parti ». Mais le mari a quitté le foyer familial au bout de quelques années. Ma cliente a élevé ses deux fils jusqu'à leur maturité en travaillant comme secrétaire. C'est après leur départ de la maison que l'arthrite est apparue.

Selon l'IMAC, la dimension de ma cliente à 18 ans, la danseuse refoulée, a transformé le château de sa féminité en un palais de glace insensible. La fileuse représente la femme qui tourne en rond sans fin, ses rêves non réalisés, dans les profondeurs de son inconscient. L'hippocampe est le « cheval de l'inconscient », le guide instinctuel, qui avec sa lance fait mal à la femme résignée pour éveiller en elle sa « jeune féminité » créatrice, aimante, jouissive. Le lapin, qui a reçu des ordres d'un homme – automatisme naïf retenu probablement d'une dimension paternelle – veut empêcher l'action de l'hippocampe. Les balles de neige pourraient bien représenter les pilules analgésiques.

Après cette première interprétation, nous avons suivi la piste que l'IMAC nous a permis de découvrir, mais cela nous a pris une dizaine d'autres séances avant que la jeune fille se décide à arrêter de filer et à aller voir le monde réel. Plus tard, ma cliente a entrepris des études pour devenir psychothérapeute.

Qu'est-ce que l'IMAC ?

L'IMAC est une forme de méditation profonde structurée qui permet au pratiquant d'établir un contact avec les profondeurs de l'Inconscient. Contrairement à des processus tels que l'imagerie réceptive, les rêves et les signes de jour, où les messages sont surtout reçus du monde intérieur, l'IMAC est l'art du dialogue avec l'Inconscient. Dans cet échange, le consultant est informé et conseillé par des dimensions intérieures représentant les forces archétypales sous-jacentes. Il a la possibilité de protester, de questionner, de demander des éclaircissements. L'IMAC est la communion entre l'ego humain et notre dimension transcendantale intérieure.

Dans quel cadre pratique-t-on l'IMAC ?

À l'origine, la pratique faisait partie de la psychanalyse et de la psychothérapie jungiennes. Généralement, après avoir entamé depuis un certain temps – deux à trois années peut-être – un travail analytique, le consultant peut commencer la pratique avec le concours de son/sa thérapeute. Plus tard, en fonction de son évolution personnelle, il/elle sera autorisé/e à pratiquer seul/e. L'IMAC devient alors partie intégrante de la thérapie. Jung était convaincu qu'à la fin du travail analytique, elle prenait une importance particulière car elle pouvait grandement aider le consultant à récupérer ses projections et à se détacher définitivement de son analyste ou de son thérapeute. Le cadre de la pratique de l'IMAC s'est considérablement élargi aujourd'hui.

Peut-on pratiquer seul/e l'IMAC ?

Robert Johnson, le grand spécialiste de la méthode, inspiré lui-même par l'enseignement de Marie-Louise von Franz, l'affirme clairement : oui, on peut pratiquer l'IMAC seul, sans aide. Il avise cependant qu'il faut prévenir les débutants des dangers que l'on peut rencontrer dans sa pratique :

> « Avant de commencer l'Imagination active, soyez assuré qu'il y a quelqu'un de disponible que vous pouvez aller voir ou appeler en cas d'envahissement des imaginations desquelles vous n'arrivez pas à vous dégager[4]. »

Je préfère personnellement que mes consultants aient accompli quelques mois d'analyse de rêve avant de les initier à l'IMAC. Je fais exception pour les malades dont la vie peut être en danger : dans ces cas exceptionnels, nous pouvons explorer l'IMAC dès la deuxième rencontre. Aux personnes extérieures qui me demandent simplement mon avis par rapport à l'IMAC, je leur conseille généralement de lire d'abord sur le sujet Jung, von Franz, Johnson, Hannah (voir Bibliographie p. 289). Ensuite, je leur conseille de rencontrer un spécialiste trois ou quatre fois avant d'en entreprendre la pratique seul/e[5]. Ces rencontres permettront de s'assurer que les premiers contacts avec l'Inconscient se font sans heurts et en toute sécurité.

---

4. *Ibid.*

5. En France, on peut se renseigner auprès de la Société française de psychologie analytique, 13, rue Ganneron, 75018 Paris, www.cgjungfrance.com

Comment éviter les dangers inhérents à l'IMAC ?

Nous avons vu au cours des chapitres précédents que l'Inconscient est un monde incommensurable. Entrer dans ce monde, interagir avec ses dimensions inconnues peut faire qu'on s'y perde et qu'on ait des difficultés à en revenir. On sait aussi que l'IMAC peut activer chez certaines personnes prédisposées une psychose latente. Elle peut déclencher également des abréactions somatiques troublantes : sanglots, vomissements, douleurs, tremblements du corps, etc. Pour toutes ces raisons, on ne plonge pas dans la pratique sans une préparation solide.

Un avertissement de base veut qu'il ne faut pas inclure de personnes vivantes (père, mère, époux et autres) dans les fantasmes, parce que l'IMAC est un outil tellement puissant que le pratiquant non prévenu ou emporté par ses émotions peut endommager le psychisme ou le corps d'autrui. De plus, vouloir utiliser la puissance de l'Inconscient pour influencer les autres peut être préjudiciable au pratiquant manipulateur ou irréfléchi.

L'IMAC est un phénomène tellement saisissant et prodigieux que certaines écoles *new age* s'en sont emparées et la proposent à un public friand de miraculeux sous des dénominations mirobolantes. Certaines de ces méthodes peuvent être dangereuses, particulièrement parce qu'on n'y avertit pas les disciples des caractéristiques et des dangers de l'Inconscient. J'ai dû m'occuper dans ma pratique de consultants qui ont été carrément déséquilibrés pour quelque temps à cause de la pratique d'une forme d'IMAC hasardeuse.

Comme je ne peux utiliser sur ce sujet du matériel thérapeutique, voici un exemple qui m'a été fourni par une de mes amies, collègue de travail. Cette jeune femme a pris des cours qui devaient, après trois week-ends intensifs, la rendre « maître » dans la discipline. Cette méthode avait un côté spectaculaire : mon amie avait appris à inviter dans sa cave toutes sortes d'« entités » et de « guides » imaginaires qui lui transmettaient des enseignements secrets pendant quelques semaines. Elle nous racontait ses exploits d'une manière passionnée. Mais un matin, elle est arrivée troublée. Elle nous a raconté qu'en rentrant la veille chez elle, elle avait trouvé dans sa cave une « boule mauve » d'à peu près trente centimètres de large. D'abord, elle en avait été émerveillée, mais quand la « boule » avait commencé à la poursuivre partout dans la maison, elle avait fini par « vivre la peur de sa vie ». Pas devant un monstre terrible, mais devant une *simple boule mauve*. Si je cite cet exemple, ce n'est pas pour créer une controverse, c'est pour prévenir : une fois de plus, il ne faut pas oublier d'exercer sa vigilance.

L'IMAC en pratique

La mise en garde étant accomplie, passons maintenant à la pratique individuelle. Selon Robert Johnson, la pratique de l'IMAC comporte quatre étapes de base[5] :

1. On invite l'Inconscient.
2. On dialogue et on en fait l'expérience.
3. On inclut les valeurs éthiques.
4. On concrétise avec un rituel physique.

Personnellement, je divise la démarche en huit étapes qui incluent forcément les quatre avancées par Johnson :

5. *Ibid.*

1. Préparatifs et structure.
2. Rite d'entrée.
3. Contact avec l'Inconscient.
4. Dialogue et expérience.
5. Conclusion de la rencontre.
6. Rite de sortie.
7. Évaluation éthique.
8. Rituel d'intégration.

La description des étapes qui suivent n'est pas un « mode d'emploi », elle vise uniquement à donner une idée générale de la pratique de l'IMAC.

Préparatifs et structure

À moins d'être un expert dans cet art, la pratique de l'IMAC demande des préparatifs. On pratique dans un endroit bien aéré et silencieux. À moins d'être malade, ou dans un état de fatigue extrême, on s'asseoit confortablement. On évite de le faire après un repas copieux ou après avoir consommé de l'alcool.

Il faut planifier la rencontre avec l'Inconscient en détail. On décide à l'avance de la durée approximative de la rencontre. On prévoit quel guide, quelle dimension intérieure (voir p. 217) on veut rencontrer. On détermine les questions précises que l'on veut leur soumettre. Et on n'oublie pas que si l'Inconscient amène des modifications dans le déroulement de la rencontre – en communiquant des messages inattendus, par exemple –, on doit être prêt à les accepter de bonne grâce.

Si on se fait accompagner dans l'exercice, on partage avec la personne ses objectifs, ses inquiétudes, ses attentes.

Rite d'entrée

On débute la rencontre en respirant calmement, naturellement. En inspirant d'une façon consciente, on se rappelle qu'on absorbe maintenant l'énergie qui soutient toute vie. En expirant, on se libère de ses toxines, de ses tensions et de ses possibles négativités. Au bout de quelques respirations, une certaine détente s'installe. Les pensées automatiques envahissantes se calment également quelque peu. On se rappelle alors que, quand le cerveau humain est calme, « la porte s'ouvre » vers le monde intérieur, vers l'Inconscient. On prononce alors un mot de passe personnel, qui nous aide à quitter le mode de fonctionnement mental habituel. Ce peut être par exemple : « Salutations respectueuses au monde des archétypes », ou n'importe quelle autre phrase de ce genre. Ainsi, on est prêt pour la rencontre et on est dans l'attitude du « laisser advenir ».

Contact avec l'Inconscient

En principe, cette étape peut être incluse dans l'étape numéro 1, « Préparatifs et structure », lorsqu'on décide de rencontrer un guide, de partir d'une image de rêve, d'une expérience traumatisante, d'un symptôme corporel... Mais on a pu aussi ne pas prévoir de départ précis : quelquefois, ce n'est même pas souhaitable. Il suffit alors d'attendre calmement et, au bout de quelques minutes, les images du premier contact apparaissent d'elles-mêmes. On peut alors engager le dialogue.

Certaines personnes ont des difficultés, surtout les premières fois, à voir, entendre ou sentir quoi que ce soit. Il faut alors leur donner un coup de main. Je leur suggère généralement ce décor : vous êtes dans une salle de cinéma privée, luxueuse ; le rideau qui couvre l'écran commence à s'ouvrir ; l'éclairage de la pièce s'estompe... Le film ne commence pas immédiatement ? Le projectionniste est peut-être un peu en retard. Mais il n'y a pas de raison de s'inquiéter, juste un peu de patience... En principe, les images arrivent.

Dans les cas plus difficiles, je suggère d'imaginer un chemin, sur lequel je demande à la personne de me donner autant de détails que possible. Quelle sorte de paysage ? Fait-il beau ? Y a-t-il des arbres, des fleurs, des animaux ? Tout le monde peut imaginer un chemin. Quand c'est fait, je demande à la personne de partir en promenade sur le chemin. En principe, elle rencontrera tôt ou tard quelqu'un ou quelque chose. Sinon, le contact, la communication est remise à la prochaine séance. On ne force jamais la porte de l'Inconscient.

Dialogue et expérience

L'IMAC est l'art de dialoguer avec les contenus de l'Inconscient. On communique avec ces personnages comme s'ils étaient de vraies personnes humaines auxquelles on voue un profond respect. On les traite poliment. On les écoute attentivement. On les questionne avec confiance, en se rappelant que ces interlocuteurs représentent « la sagesse sublime » d'une façon ou d'une autre. On y implique aussi toutes nos émotions naturelles. Si un lion se présente, par exemple, on ne peut rester insensible, mais on ne panique pas pour autant face à des formes effrayantes. On se rappelle du paragraphe 18 des 30 points sur l'interprétation des rêves (voir en annexe) : « Tout ce qui nous court après dans les rêves veut faire partie de nous. »

C'est seulement si les apparitions deviennent nettement menaçantes qu'on utilise des « techniques de protection ». Voici quelques phrases clefs qu'on peut dire avec fermeté à un personnage dangereux : « Tu ne peux m'atteindre, je suis protégé par un bouclier invisible », « Mon guide n'est pas loin, tu ne peux rien contre lui », « J'ai le pouvoir de t'enfermer dans une cage dont tu ne sortiras pas de sitôt ». Si on est pris d'une peur incontrôlable, il est toujours possible et même conseillé de « quitter les lieux », c'est-à-dire l'état de fantasme. Encore que, avant de retrouver le niveau de conscience habituel, il est préférable d'avertir l'entité menaçante : « Je pars maintenant, tu es trop violent, mais ne t'en fais pas, je reviendrai mieux armé (ou bien accompagné), et nous réglerons à ce moment-là notre conflit. » Naturellement, il faut alors tenir parole.

Dans certaines IMAC, le pratiquant doit faire face à un agresseur. Par exemple, une consultante a rencontré au cours d'une séance un énorme bourdon qui voulait la piquer à tout prix. Nous avons construit alors autour du bourdon une enceinte de fils solide. Il était ainsi contenu. La semaine suivante, quand nous l'avons « visité », il était encore tout à fait intraitable… Une semaine plus tard, « le ton a commencé à baisser »… Lors des rencontres suivantes, une négociation s'est établie et c'est seulement quand il a solennellement promis qu'à sa libération, il ne piquerait pas ma cliente, qu'il a été relâché et qu'il est reparti relativement apaisé. Ici, évidemment, le bourdon représente un animus négatif (voir au chapitre 15) avec lequel la cliente devait aussi se réconcilier.

L'IMAC est l'art du théâtre d'improvisation. On ne sait jamais ce que la seconde prochaine va amener d'inattendu, d'intrigant, de menaçant. On doit garder une attitude à la fois méditative et vigilante. Graduellement, on apprend à réagir avec la vitesse de l'éclair, en impliquant tous ses réflexes, tout son jugement, toute sa créativité et toute son intuition. Ainsi, on peut tirer profit des situations rencontrées et des messages reçus, tout en se protégeant face aux « contenus » envahissants. Par exemple, il m'est arrivé en début de séance de rencontrer un diable rouge, rugissant et qui voulait carrément détruire le consultant. On n'a pas fui la scène. On a plutôt emprunté la voie d'un long questionnement socratique : qui es-tu ? pourquoi es-tu si fâché ? qui t'a fait mal ? quelle est ta vraie personnalité ? que peut-on faire pour toi ? qu'est-ce qui te ferait plaisir ? À la fin, dans le cas de certaines de ces séances, le diable intérieur pleure sur l'épaule de sa victime, rassurée.

En réalité, l'IMAC ressemble parfois à un combat d'escrime : le but, toutefois, n'est pas de tuer l'autre, mais de l'amener à une nouvelle manière d'être. Dans les communications et les actions de l'IMAC, ce n'est pas toujours le pratiquant qui bénéficie de la rencontre. Dans bien des cas, nous pouvons aider à libérer une héroïne emprisonnée, à guérir un enfant intérieur malade, à accomplir une tâche qu'une personne trop vieille, ou déjà décédée, ne peut accomplir.

Certaines IMAC se déroulent sous le signe du calme, de l'harmonie, du silence. Oui à l'art du dialogue, mais il ne faut pas qu'il soit nécessairement verbeux. On doit manifester beaucoup d'écoute positive envers nos dimensions refoulées ou inconnues. Les laisser s'exprimer et les questionner d'une façon adéquate apporte des informations tout à fait révélatrices. On se souvient que, dans la légende du Graal, Perceval ne devait pas fournir une réponse pour guérir le Roi Pêcheur malade, mais poser simplement une question. Ce mythe sublime nous rappelle que, pour faire refleurir le pays dévasté de nos existences, il nous faut surtout savoir et oser poser la bonne question. Si nous le faisons, dans le Château du Graal intérieur de notre Inconscient – sans nécessairement recevoir une réponse absolue – alors le processus de guérison, cette transformation tant souhaitée s'enclenche, le pays dévasté refleurit. Et tout cela ne tient souvent qu'à une question.

Il y a des cas où il ne faut pas poser la question et quelquefois elle ne doit même pas avoir été formulée. Par exemple, un jour, un des mes consultants qui visitait régulièrement un Guide en ma présence est devenu perplexe au début de la rencontre. Il m'a dit :

« Il est bien là, le Vieux Sage, mais il est assis face à la rivière, les yeux fermés, il médite profondément. Nicolas, qu'est-ce que je fais, dois-je le déranger ?

– Je ne pense pas, lui ai-je répondu, asseyez-vous simplement à côté de lui, méditez un peu aussi. »

Le corps de mon client est devenu graduellement immobile, son visage était serein. Au bout d'un certain temps, il m'a dit doucement : « Nicolas, j'entends un chant, c'est comme si mon Guide chantait. » Plus tard, il a ajouté : « Je pense qu'il chante, il répète un mantra, une affirmation. » Je lui ai conseillé d'entonner le mantra entendu, ce qu'il a fait d'abord timidement puis avec une voix forte. En chantant le mantra qui parlait surtout de paix, de conscience, d'action et d'amour, son visage s'illuminait. Puis a suivi un long silence… et la séance a été terminée. Alors l'ai-je questionné :

« C'est beau, votre nouveau mantra ?

– Ah oui, le mantra… Mais moi, j'étais dans un tel état de grâce… Les paroles du mantra, je les ai oubliées. »

Je lui ai tendu alors la cassette sur laquelle j'avais enregistré la séance. Mon client est reparti heureux avec son mantra reçu du « maître silencieux ».

Pour pratiquer seul, il est préférable de tenir sur les genoux un micro-magnétophone VOR (qui enregistre seulement les sons audibles). De cette façon, le pratiquant peut réécouter les dialogues et en tenir compte dans son processus personnel.

Conclusion de la rencontre

Avant de rompre la communication avec le monde intérieur, il est important de conclure la rencontre, comme on le ferait avec des interlocuteurs en chair et en os. On remercie les entités d'être venus communiquer avec nous. On demande s'il n'y a pas un dernier message de leur part. On montre de la gratitude pour les informations reçues. On demande un rendez-vous pour une prochaine rencontre. On termine par une demande aux personnages intérieurs : même si l'interaction avec eux ne se déroulera pas pendant les prochains temps d'une façon consciente, qu'ils continuent à nous accompagner, à nous protéger et à nous inspirer.

Rite de sortie

Une fois que le travail intérieur est terminé, on reprend la respiration consciente (voir au point numéro 2) ; par contre, cette fois-ci, on respire plus vite que la normale. On envoie l'énergie de l'oxygène, du prana, de façon soutenue dans tout le corps. On s'étire. On se secoue les membres. On retrouve à 100 % ses réflexes. On rétablit à 100 % le fonctionnement de la conscience. On finit par prononcer notre mantra personnel, quelque chose comme « La communion est maintenant complétée, je me réincarne de nouveau dans mon quotidien ».

Évaluation éthique

Après s'être sorti de la communication avec l'Inconscient, le travail n'est pas terminé pour autant. Il nous faut encore scrupuleusement revoir et évaluer les informations reçues, les émotions éprouvées. Cette phase est tout à fait incontournable. Les personnages représentent des forces archétypales qui sont souvent d'une brutalité animale et peuvent nous conseiller d'une façon tout à fait unilatérale. Ils peuvent nous pousser, par exemple, à quitter notre famille, notre travail, à couper tous nos liens d'amitié, à vivre d'une façon égocentrique et sans le moindre scrupule. Accepter ce genre d'exhortation, exprimée souvent sur un ton agressif, absolutiste, peut facilement mener au désastre. Pour cette raison, toute information suspecte doit absolument être passée au crible de notre éthique personnelle. Il faut alors, au besoin, affirmer avec fermeté nos points de vue : « Oui, je déteste mon travail, mais pour l'instant, j'en ai besoin », « Oui, ma famille me tape sur les nerfs, mais je continuerai d'assumer ma responsabilité », « Oui, l'Inconscient a raison, je ne vis pas pour ma jouissance, pour ma créativité... je vais y remédier, mais dans le cadre de mes limites acceptables et sans imposer du malheur à autrui ».

Selon Jung, « (...) le développement de la conscience ne peut se faire sans conflit éthique (...). Le rétrécissement de nos responsabilités nous prive de notre totalité et impose à nos vies une fragmentation douloureuse[5] ». Le travail de l'IMAC implique toute la force et toute la clarté de notre moi conscient. Tirer profit du Savoir Absolu ne se donne pas pour rien. Il faut faire sa part. En certaines occasions, pour l'obtenir, il faut livrer un combat rangé. Quelquefois, on est blessé comme Jacob dans sa lutte avec l'ange. On en sort touché, marqué, mais généralement enrichi et transformé.

Rituel d'intégration

Recevoir un bon conseil, un trésor, c'est valable seulement si on peut en faire bon usage. Alors, comme dans le cas d'un rêve important reçu, il nous faut « accuser réception », avertir le donateur que son cadeau est apprécié, qu'on va l'intégrer dans le système psychique existant et que l'on va en tirer profit dans la mesure du possible. La fonction du rituel est d'accomplir cette rétroaction.

Encore une fois, il faut se souvenir de ne pas inclure des êtres réels, ni dans l'IMAC, ni dans les rituels. Le danger vient

5. Dans Robert A. Johnson, *ibid.*

du fait que si, dans certains fantasmes, on se bagarre avec les personnages intérieurs, de retour dans la réalité tangible, on a tendance à continuer les hostilités envers des être réels. C'est à éviter, comme d'ailleurs d'entretenir des fantasmes prolongés envers des êtres. Nous pouvons influencer, incommoder nos proches à distance. Même les fantasmes positifs d'amour ou d'affection peuvent créer chez l'autre des réactions tout à fait contraires à nos expectatives, et qui seront généralement au détriment de la relation.

Les meilleurs rituels sont simples, directs et spontanés. L'inspiration doit venir de la même source que le message original. On fait quelque chose avec le corps en incluant les sentiments : on marche, on danse, on chante, on fabrique un objet, on modifie son environnement, on s'engage dans une action positive. À travers un rituel bien exécuté, on crée une action synchronistique qui réunit les énergies dispersées par rapport à un questionnement ou un événement, et cela permet l'apparition dans la conscience d'un point de vue supérieur, tout en créant des transformations dans les profondeurs de l'Inconscient.

Les thèmes de l'IMAC

La pratique de l'IMAC étant maintenant *grosso modo* clarifiée, il faut encore énumérer les thèmes les plus fréquemment rencontrés. Il y a, bien sûr, autant d'IMAC qu'il y a de pratiquants et de situations rencontrées dans leur quotidien.

Les **symptômes corporels** se manifestent souvent avant même que la séance d'IMAC ne soit entamée. Cela peut être une douleur à l'épaule, une crampe dans le ventre, qu'on peut tout de suite explorer en commençant le travail. On peut également choisir de parler avec une tumeur, avec un symptôme inquiétant : d'où viens-tu ? pour quelle raison ? que veux-tu me dire ? comment pourrais-je t'aider ? Les réponses sont souvent révélatrices !

Beaucoup d'IMAC amènent le consultant assez directement dans ses **traumatismes d'enfance** les plus secrets, les plus refoulés. On revoit une scène terrible… On crie, on pleure… et graduellement la libération commence, et l'intégration peut continuer pendant les rencontres successives.

Très souvent, les IMAC nous aident à résoudre les **problèmes de notre quotidien.** Un problème au travail, une relation de couple chancelante, un conflit avec un enfant opiniâtre ou une adolescente rebelle… Les IMAC sont prêtes à répondre à nos questions, mais plus souvent qu'autrement elles nous introduisent dans un monde inconnu, fascinant et révélateur.

Certaines IMAC nous soutiennent, nous réconfortent quand nous rencontrons des **crises difficiles.** En voici un exemple : un jour, un homme âgé est venu chez moi pour une « consultation unique ». Il était atteint d'un cancer du poumon avancé. Il savait qu'il ne lui restait que peu de temps à vivre. Il ne se souvenait pas de ses rêves. Je ne savais pas comment lui être utile. Je lui ai alors proposé une IMAC, ce qu'il a accepté. Pour commencer, en l'absence d'images spontanées, je l'ai invité à emprunter un chemin imaginaire. Il est entré facilement dans le jeu. Au bout de quelques minutes, il est arrivé au bord de la mer. Il contemplait l'eau et continuait sa marche. Il est arrivé à une falaise élevée dans laquelle se trouvait un escalier. Je l'ai encouragé à monter. Il a suivi mon conseil. Il est arrivé dans une pièce creusée dans le granite, d'où il pouvait contempler la mer à travers une ouverture ovale. Au loin, il apercevait une île. Cette île m'intéressait parce que c'était un symbole « d'un autre monde ». J'ai dit à l'homme qu'il avait le pouvoir de se procurer un télescope. Alors, il en a installé un sur un trépied et il a commencé à explorer l'île.

« Qu'y a-t-il là-bas ? » l'ai-je questionné.

Il était un peu hésitant, embarrassé.

« Je ne sais pas, me dit-il, je suis préoccupé par cet homme à côté de moi. Il a également un télescope et il regarde aussi dans la direction de l'île.

– Comment est cet homme ?

– Oh, il est plutôt jeune, porte une longue barbe. Ce qui est bizarre, c'est qu'il est habillé dans une longue robe. »

C'était sans nul doute une personnification de Jésus. Il a dit au consultant qu'il savait ce qui le préoccupait et qu'il était au courant de ce qu'il allait traverser dans les prochains jours. Il lui a promis qu'il serait avec lui et que tout se passerait très bien. Il l'a serré sur son cœur… Mon client est parti apaisé et rassuré. Cet exemple démontre assez clairement comment les messages de l'IMAC s'adaptent au monde culturel et aux besoins particuliers des consultants.

La rencontre avec l'image du Christ ou de la Vierge est toujours très impressionnante dans le cadre des IMAC. J'en ai été témoin une douzaine de fois. Cela arrive même aux personnes qui n'ont aucune religion officielle. L'apparition de personnages sacrés apporte toujours la paix, l'émotion, l'émerveillement et l'espoir.

Tôt ou tard, les **guides** se manifestent dans à peu près toutes les IMAC. Généralement, ils sont contents de rencontrer le consultant. Quelquefois, ils sont carrément enthousiastes : « Ça fait tellement longtemps que je t'attends. » Quand on leur demande leur nom, la plupart donnent des noms de la Bible ou alors de la spiritualité orientale. Ils acceptent presque toujours de devenir le guide permanent de l'expérimentateur. Ils lui révèlent qu'ils le/la connaissent depuis très longtemps, qu'ils connaissent bien des secrets de l'univers et qu'ils sont prêts à les partager avec lui/elle. Les guides sont rarement agressifs ou menaçants : souvent, il s'agit d'un vieux ou d'une vieille sage, mais ce peut être aussi un animal, un cristal, une fleur, une voix... Jung lui-même a été guidé par trois personnages pendant 14 ans. Le premier était le prophète Élie, le second s'appelait Philémon et avait une personnalité plutôt païenne. Voici comment Jung le percevait :

> « Grâce aux dialogues avec Philémon, la différenciation entre moi et l'objet de ma pensée se clarifia (...). Lui aussi, Philémon, s'était en quelque sorte dressé objectivement en face de moi et je compris qu'il y avait en moi une instance qui pouvait énoncer des dires que je ne savais pas, que je ne pensais pas, voire des choses qui allaient à l'encontre de moi-même[6]. »

Le troisième de ses guides, Jung l'a appelé Ka. Il personnifiait l'âme incarnée de l'ancienne Égypte. Il était en quelque sorte démoniaque, méphistophélique. Tout l'apport de Jung à l'humanité a été largement influencé par la présence et par les propos de ses trois guides :

> « Tous mes travaux, tout ce que j'ai créé sur le plan de l'esprit, proviennent des imaginations et des rêves initiaux (...). Toute mon activité ultérieure consista à élaborer ce qui avait jailli de l'inconscient au long de ces années et qui tout d'abord m'insulta. Ce fut la matière première pour l'œuvre d'une vie[7]. »

Le pratiquant de l'IMAC se retrouve souvent dans des **espaces merveilleux**, jardin, forêt, caverne, montagne, île, etc. Généralement, dans ces endroits, il n'y a pas de personnages, pas de

6. Carl Gustav Jung, *Ma vie*, éditions Gallimard, 1991.
7. *Ibid.*

communication verbale. Le consultant y jouit simplement de la beauté, du bien-être. Une fois ces endroits découverts, il peut les revisiter à sa guise pour se reposer, se ressourcer.

Quelquefois, ces endroits n'ont rien de particulièrement beau ou agréable. Par exemple, une de mes clientes, au cours d'une IMAC, se sent chuter dans les profondeurs. Elle aboutit finalement dans un endroit vide où le sol est d'une couleur dorée. Elle me questionne :

« Nicolas, il n'y a rien, qu'est-ce que je fais ?

– Je ne sais pas, mais puisque vous avez abouti là, restez-y un peu. »

Alors je l'entends respirer calmement pendant quelques minutes. Puis de grosses larmes commencent à couler sur son visage. Elle pleure et pleure tandis que son expression s'illumine de plus en plus… Elle me parle tout doucement :

« Nicolas, ne vous inquiétez pas. C'est de bonheur que je pleure… Jamais, jamais je n'ai été si bien, si heureuse de toute ma vie… »

Au cours des mois suivants, cette cliente se plaint à moi au téléphone de ses états dépressifs. Je la questionne : « Combien de fois avez-vous visité votre "espace doré" ? » Naturellement, elle avait oublié d'y retourner…

Dans certaines IMAC, le pratiquant aboutit dans des **temps anciens**, il y a des siècles ou des millénaires. On pense alors revivre ce qu'on appelle « des vies antérieures », et on y voit une preuve de la théorie de la réincarnation. Je déçois souvent mes clients quand, malgré un fantasme très spectaculaire, je ne peux leur confirmer la théorie : « Oui, c'est possible, je n'en sais rien. » Par contre, j'ai quelquefois – pas toujours – pu suggérer que la scène vécue n'était qu'une dramatisation magistrale d'un traumatisme passé dans l'enfance.

À titre d'illustration, une de mes clientes se retrouve dans l'IMAC devant un tribunal de l'Inquisition. Elle y est un homme, un jeune prêtre accusé d'hérésie. Les juges qui le condamnent à mort portent des cagoules noires. Lors de notre séance, ma cliente revit la torture et son exécution. Une longue scène à laquelle il est assez dur d'assister. Mais, « une fois morte », elle se sent soulagée. Elle me confie que derrière la cagoule du président du tribunal, elle a reconnu les yeux de son père. Voilà le lien avec l'enfance. Le père était destructeur envers la féminité florissante de sa fille. Elle a alors préféré développer ses qualités masculines. Elle est littéralement devenue « un prêtre », mais qui n'en conteste pas moins les valeurs patriarcales anti-féminines, anti-vie. Ainsi, pour « sa foi », elle continue encore à être « torturée, exécutée ».

Un certain nombre d'IMAC concerne de **grandes questions philosophiques et spirituelles** de l'être humain et de l'humanité. Dans ces cas, on aboutit souvent dans les espaces intemporels, interstellaires, transcendants. Ces expériences sont généralement très impressionnantes et on en ressort intrigué, troublé, métamorphosé. Ces définitions que j'utilise peuvent sembler tellement exagérées, tellement irréalistes pour certaines personnes qu'il me faut l'illustrer.

Une de mes clientes, une femme très bien enracinée dans son quotidien et qui ne s'intéressait aucunement aux questions philosophiques, s'est retrouvée un jour au cours de l'IMAC très loin de la Terre. Elle est alors devenue inquiète : « Nicolas, vous êtes sûr que vous allez pouvoir me ramener ? » Je l'ai rassurée du mieux que je pouvais. Dans cet espace infini, elle a rencontré un vieillard très beau, très digne et très triste. Nous l'avons interrogé et il nous a confié qu'il voulait mourir, mais ne pouvait pas, car dans cet espace vide, il ne pouvait être enterré. Ma cliente, émue du chagrin du vieillard, lui a confectionné un linceul épais qui pouvait lui servir de tombeau. Le vieil homme l'a remerciée, s'est entouré du linceul, mais avant de disparaître dans l'infini, il a remis à ma cliente un livre lourd à la reliure dorée.

On reconnaît dans ce travail, symboliquement, une *Imago Dei* devenue désuète. En effet, ma cliente ne pratiquait plus sa religion catholique, mais cherchait néanmoins une base spirituelle pour sa vie. Elle est devenue, grâce à cette rencontre lointaine et intérieure, dépositaire d'une tradition spirituelle. Au fond, c'était à elle maintenant d'interpréter les Écritures.

Une autre cliente était arrivée « par accident » dans un château immense et somptueux, de style Marienbad. Elle se promenait dans les salles fastueusement meublées, mais sans jamais rencontrer aucun être vivant. Tout en examinant avec admiration les tableaux précieux, elle a abouti dans une large pièce où se trouvait, à sa surprise, un ordinateur gigantesque et ultramoderne. Elle avait l'impression que toute la Terre était reliée à cette machine. Tout à coup, un homme a surgi « de nulle part ». Il était plutôt âgé, très élégamment vêtu, d'une expression très digne et sérieuse. Sur un ton plutôt brusque, il l'a interpellée : « Que faites-vous ici ? » Elle s'est trouvée très émue face à ce personnage et ce n'est qu'avec difficulté qu'elle a répondu : « Je… je ne sais pas. » L'homme l'a alors examinée et a fini par adopter un air plus magnanime : « Bien, mais puisque vous y êtes, voulez-vous me dire comment devrait être selon vous le prochain siècle de l'humanité ? » Ma cliente, complètement abasourdie, restait muette. Je l'ai encouragée à répondre :

« Vous êtes une femme blessée, révoltée. C'est une occasion de faire valoir vos idées. »

Mais il n'y avait rien à faire. Elle est restée pétrifiée, silencieuse. L'homme lui a souri. Il l'a reconduite à l'extérieur du château. Jamais ma cliente n'a osé y retourner.

Une femme très malade, proche de la mort, a assisté dans l'IMAC à la scène suivante : dans un vaste paysage, elle a vu apparaître un monstre énorme, genre King-Kong, démesuré. Il avançait à grands pas en détruisant tout sur son passage. Il piétinait les récoltes, balayait des maisons, déchiquetait les animaux, dévorait les humains. Inlassablement, il continuait son chemin. Elle tremblait de terreur, dans un état de choc. Mais tout à coup est apparu dans le paysage un autre monstre. Il essayait de redresser les champs broyés, il retapait les maisons aplaties, il guérissait les humains défigurés, il rassurait les survivants affolés… Ce géant aussi passait son chemin. Une voix d'autorité a dit alors à la femme ahurie : « Ne te méprends pas, ces deux monstres que tu as vus ne font qu'une seule entité. » Maladie et guérison viennent de la même source : tel est l'enseignement qu'elle a pu en retirer. Cette vision illustre parfaitement l'idée de Jung selon laquelle Dieu, la Nature universelle, est une antinomie, réunion des contraires, terriblement dur et infiniment bon.

Voilà les thèmes le plus souvent rencontrés dans l'IMAC. Pour les non-initiés, cela peut paraître le comble de l'obscur, du futile, de l'insensé. Et pourtant ! Pour le psychonaute explorateur des espaces intérieurs averti, qui a déjà apprivoisé le langage symbolique élémentaire, qui cherche un remède, une solution, un sens avec l'aide de son monde intérieur, l'IMAC reste l'outil par excellence. Pour autant qu'elle tienne compte des mises en garde énoncées, respecte les préceptes éthiques et reste bien enracinée dans son quotidien donné, elle peut ouvrir grande la porte qui cache les mystères de l'existence. Là, finalement, on dépasse les vœux pieux parentaux, les embrigadements sociaux, les endoctrinements sectaires. Là, dans cet espace illimité, nous pouvons enfin livrer bataille à nos monstres intérieurs, bénéficier de la sagesse ultime de nos guides, nous pouvons nous enrichir et nous renforcer pour que, par le monde, nous puissions enfin partager le meilleur de ce que nous sommes, autant avec les autres qu'avec nous-mêmes.

15

Le chemin de la transcendance

Nous avons vu au cours des chapitres précédents comment l'Inconscient nous envoie ses messages à travers les rêves, les signes de jour, l'imagination active. Il nous faut maintenant clarifier ce que vise dans l'ensemble cette grande quantité d'informations, laquelle, pour la personne non avisée, paraît complètement dépourvue de sens.

> « On y découvre, dit Marie-Louise von Franz, l'action d'une sorte de tendance régulatrice ou directrice cachée, qui engendre un processus de croissance psychique lent, presque invisible, le *processus d'individuation*[1]. »

Pour les tenants de la méthode « Images de transformation », définir et comprendre ce processus est de la plus haute importance. Car c'est ce *processus d'individuation* qui, selon nous, *est le facteur principal de guérison*. Clarifions ce point de vue : nous ne prétendons pas pouvoir guérir quiconque. Tout au plus pouvons-nous mettre la personne souffrante en

1. Carl Gustav Jung, *L'Homme et ses symboles*, éditions Robert Laffont, 1992, chapitre 3 par Marie-Louise von Franz, « Le processus d'individuation », p. 161.

contact avec ses images intérieures. La bonne compréhension de ces images déclenche et soutient le processus d'individuation, et c'est surtout par ce chemin que l'on parvient à la guérison.

Voici donc la définition du processus par Jung lui-même :

> « Il s'agit de la *réalisation de son Soi*, dans ce qu'il a de plus personnel et de plus rebelle à toute comparaison. On pourrait donc traduire le mot d'"individuation" par "réalisation de soi-même", "réalisation de son Soi"[2]. »

Sachant que le Soi comprend, selon Jung, tout le conscient et l'inconscient de la personne, on comprend que « la réalisation de son Soi » ne peut être qu'un processus long et exigeant. Elle comprend deux aspects très différents : il faut, d'une part, intégrer graduellement ses dimensions intérieures inconscientes et, d'autre part, se libérer des valeurs collectives héritées.

L'intégration des dimensions intérieures

Voici, selon Jung, les diverses dimensions intérieures ou archétypes qu'il nous faut rencontrer et apprivoiser au cours du processus d'individuation :

2. Carl Gustav Jung, *Dialectique du Moi et de l'inconscient*, éditions Gallimard, 1986, p. 115.

Ces rencontres ne se font pas selon un ordre établi et peuvent être successives ou parallèles. Chaque processus est unique et dépend des prédispositions naturelles de la personne.

L'Ego

Concernant le premier archétype, celui de l'Ego, nous n'avons pas besoin de le définir longuement. C'est notre moi conscient. Nous le connaissons bien. On peut tout de même noter que l'Ego se prend généralement pour la totalité de la personne, ce qui est évidemment une illusion. L'importance de l'Ego vient du fait que c'est grâce à lui que le dialogue avec les parties intérieures peut être engagé et maintenu. Pour cette raison, nous avons besoin d'un Ego fort et souple, capable de contenir et intégrer les éléments qu'il reçoit de l'Inconscient.

La Persona

L'Ego est, pour ainsi dire, entouré par la Persona : le masque à travers lequel nous rencontrons le monde. La Persona représente le rôle, le « paraître », le collectif.

À titre d'exemple, le jeune enfant n'a pas beaucoup de Persona. Si une petite fille est au salon quand arrivent des invités, elle peut dire naïvement à sa mère : « Ah, c'est lui, l'oncle que vous n'aimez pas ? » Et c'est le début de la fin de l'innocence. Nous apprenons assez tôt que nous ne pouvons nous montrer aux autres tels que nous sommes, et c'est normal. Nous avons besoin de façade, de plusieurs même, selon les circonstances.

Cependant, la Persona peut devenir dangereuse et destructrice si nous nous identifions avec elle inconsciemment. Alors nous devenons fiers de nos vêtements, de nos titres, de nos diplômes, de nos simagrées, au détriment d'être vrais, d'être soi. Pour s'approcher de son Soi, il faut faire preuve de vigilance face à ces tromperies, libérer le conscient de ses illusions.

Pas de lumière sans l'Ombre

La dimension intérieure qui nous empêche le plus souvent d'être nous-même, Jung l'a appelée l'Ombre. Elle est composée de contenus refoulés et de parties non encore explorées. La rencontre de l'Ombre dans nos rêves et dans nos visions est un moment généralement déplaisant, car ce que nous voyons alors, ce sont nos défauts, nos désirs inavoués et nos potentialités inassouvies. Pourtant, nous avons tout intérêt à la côtoyer, à en intégrer des parts de plus en plus larges, car elle représente une énergie vitale primordiale. On ne peut la tuer, dit Jung, sans se tuer soi-même. On ne peut non plus céder à l'Ombre sans régresser vers une animalité infantile. La seule voie, c'est le dialogue, la négociation. Cela peut être grandement facilité par la pratique de l'IMAC.

Dans les rêves de femmes, presque tous les personnages féminins représentent l'Ombre. Pour les hommes, c'est l'inverse. Comme la Persona, l'Ombre aussi se projette. Avant d'en arriver à être nous-même, nous préférons apercevoir nos défauts, mais aussi nos qualités, chez les autres. Récupérer notre réalité personnelle est alors un travail à long terme, mais qui nous permet de nous libérer de nos illusions et libère les autres de nos jugements et de nos attentes. Comme dit Jung dans son magnifique énoncé conclusif : « On ne devient pas illuminé en imaginant des figures de lumière, mais en rendant l'obscurité consciente. »

L'Anima : l'ensorceleuse

Une autre dimension intérieure dont il nous faut prendre conscience s'appelle l'Anima. Elle représente la féminité inhérente chez l'homme, dont le plus souvent nous ne soupçonnons même pas l'existence. Dans son aspect négatif, l'Anima inconsciente est une ensorceleuse, une manipulatrice et peut devenir quelquefois un démon de la mort. Souvent, elle entraîne l'homme dans des fantasmes sexuels sans fin, dans des crises sentimentales et émotionnelles, quelquefois même dans un comportement carrément hystérique. Pour ces raisons surtout, l'Anima fait peur aux hommes. Alors ils essaient de la projeter sur les femmes réelles, ce qui produit depuis des millénaires une peur, une dépréciation, une haine, une volonté d'écrasement de la femme.

Pourtant, elle peut être apprivoisée. L'Anima représente aussi chez l'homme les sentiments profonds, la sensualité, la capacité de maternage. Nous avons donc tout intérêt à faire d'elle une alliée, une guide. C'est possible, mais pour cela il faut savoir à la fois l'honorer et lui tenir tête. C'est une des tâches majeures du processus d'individuation. Et c'est possible. Mais pour cela, l'Anima demande à l'homme d'être *un homme vrai*, pas un enfant enjôleur, pas un adolescent fantasque, pas un guerrier vantard. En fin de compte, elle le pousse vers une masculinité mature, consciente.

Avant d'y arriver, si cela est possible, l'Anima nous fait faire bien des détours qui peuvent être aussi très instructifs.

L'Animus : l'enchanteur

Si l'Anima, au début d'un cheminement psychologique, n'est pas toujours un ange pour l'homme, l'Animus n'en est pas non plus un pour la femme. L'Animus représente la masculinité intérieure chez elle. Mais contrairement à l'Anima, qui vit dans le corps et le cœur de l'homme, l'Animus vit dans la tête de la femme. Il se compose des opinions toutes faites, des jugements destructeurs, des opinions sacrées. Et il est difficile de le contredire parce qu'il y a toujours un fond de vérité dans ses dires.

Au début d'un cheminement psychologique, l'Animus chuchote ainsi régulièrement à l'oreille de la femme : « Tu vois, tu ne vaux pas grand-chose », « Tes efforts ne mènent à rien, tu ne seras jamais comprise, jamais acceptée », « À quoi bon essayer, la vie ne vaut pas la peine d'être vécue ». Ces insinuations découragent, désespèrent et démolissent beaucoup de femmes.

L'Animus – cette voix intérieure masculine muselée depuis des millénaires mais qui resurgit aujourd'hui – peut pourtant donner des ailes à la femme contemporaine. Le problème vient en fait de cette particularité de l'Animus que, pour ses « bons offices », il demande à la femme de sacrifier ses qualités féminines. Pour cette raison, nous rencontrons en thérapie beaucoup de femmes entre 40 et 50 ans qui ont très bien réussi sur le plan professionnel, en politique ou dans les affaires, mais qui se retrouvent sans compagnon, sans enfants, sans amour.

Si la femme veut se libérer de l'emprise de l'Animus négatif, elle doit reconnaître sa voix et apprendre à lui *dire non*. Dans ces conditions, il deviendra graduellement un partenaire, un soutien, un guide intérieur, qui représente pour la femme le courage, l'initiative et la réalisation spirituelle.

Une mission hypothétique

Les personnes qui rencontrent pour la première fois les archétypes de transformation intérieure se demandent pourquoi l'Anima et l'Animus se présentent souvent sous des traits négatifs, démoniaques, destructeurs. La réponse de Jung à ce questionnement évoque un passage du *Faust* de Goethe, où Méphistophélès déclare : « *Je suis celui qui fait le mal, mais qui sert le bien.* » On comprend mieux cette allusion si on se rappelle qu'il n'y a pas de développements de la conscience sans conflit, sans souffrance. Alors on n'y va pas volontairement. En même temps, la volonté d'individuation est une des plus grandes aspirations de l'être humain. C'est pour pouvoir honorer cette poussée intérieure que l'Anima et l'Animus nous donnent « un coup de main ». Au fond, c'est une très longue série de luttes, de découvertes et de transformations qui nous rapproche graduellement du Soi.

Une totalité retrouvée

Le Soi, nous l'avons déjà défini dans ses grandes lignes au début du chapitre. Les symboles qui représentent le plus fréquemment cette totalité personnelle sont la vieille ou le vieux sage, un jeune enfant, moins souvent une jeune personne pleine de vie, un *trickster* (un joueur de tours), un animal extraordinaire, une pierre précieuse, le cercle, la sphère, le carré, le chiffre quatre, un mandala... On peut rencontrer le Soi, également, dans tout symbole où les contraires sont réunis, harmonisés ou transcendés (carrelage noir et blanc, Soleil-Lune, hermaphrodite...).

Pour l'être humain ordinaire, normal, le Soi se rencontre uniquement à travers ses symboles. La conscience de l'ego ne peut embrasser, contenir cette totalité cosmique que le Soi représente. On suggère qu'il y a des exceptions, les grands prophètes de l'humanité, par exemple Zoroastre, le Bouddha, le Christ. En religion, on parle d'illumination, en Orient du nirvana, du satori, mais tout cela relève de la théologie ou du mysticisme. Plus près de la pensée scientifique, un psychiatre canadien, Richard Maurice Buke, a publié un ouvrage au début du XXe siècle où il étudie le phénomène d'illumination[3]. Il propose une liste de 50 cas d'illuminations connues. Dans son étude, il s'efforce de démontrer que l'évolution continue du cerveau permettra la généralisation du phénomène.

On sait que c'est également le but du processus d'individuation, non seulement de nous distancer des animaux, mais aussi de nous faire réaliser notre dimension divine. On rencontre alors le paradoxe : le Soi est le but, même s'il est inatteignable, évoluer dans sa direction nous transforme déjà.

Les prisons de la conformité

L'autre aspect du travail dans le processus d'individuation est de nous détacher, de nous libérer des valeurs collectives et nous permettre ainsi de devenir un individu unique.

Pour comprendre pleinement cette tâche, il nous faut définir ces « valeurs collectives ». Pour moi, elles consistent surtout en lois, en commandements. Jung nous dit pourquoi nous en avons tellement besoin :

> « (...) l'humanité dans sa part la plus considérable en est encore, psychologiquement parlant, à un état d'enfance (...). L'immense majorité des hommes ont de nos jours encore besoin d'autorité, de directives et de lois[4]. »

---

3. Richard Maurice Buke, *Cosmic Consciousness*, éd. Québécoise Troisième Millénaire, 1989.

4. Carl Gustav Jung, *Dialectique du Moi et de l'inconscient*, éditions Gallimard, 1986, p. 256-257.

Par ailleurs, les sociétés humaines inventent et imposent insidieusement par les médias des valeurs standardisées, uniformisantes et limitatives. Dans nos sociétés occidentales, on propose de se faire une bonne éducation, d'avoir une famille, une maison, de posséder deux voitures, trois télévisions, quatre ordinateurs..., de rechercher le confort et le plaisir, de prendre sa retraite à 55 ans et d'acheter à l'avance son lot dans un cimetière huppé. On ne précise aucunement que la mise en œuvre de ce genre de programme crée l'inégalité sociale, l'agressivité de la compétition, la détérioration dramatique de l'environnement... En plus, ce plan social oblige les humains à vivre en refoulant une bonne partie de leurs instincts sains, aussi bien que de leurs aspirations créatives, artistiques et spirituelles élevées. Cela produit en chacun un stress, une tension, une névrose, des tendances destructrices et suicidaires inconscientes. Voilà pourquoi les valeurs collectives doivent être transformées et voilà pourquoi c'est cela, le deuxième objectif primordial du processus d'individuation.

Dans notre monde, un nombre croissant d'individus ne peuvent harmonieusement coexister avec ces valeurs collectives qui sont basées, par définition, sur les plus petits dénominateurs communs. Des êtres humains qui possèdent une personnalité plus solide, un niveau de conscience plus élevé, entreprennent des analyses, des thérapies ou commencent simplement à prendre leur destinée en main. À partir de là, les messages du monde intérieur sont systématiquement écoutés : rêves, signes de jour, symptômes, visions, intuitions. La grande entreprise de devenir soi est en cours. Dans ce travail apparaissent alors les écarts prononcés entre ce que la communauté nous propose et ce que nous voulons vraiment vivre, vraiment être. Nous découvrons alors que souvent nos maladies, nos assuétudes (« addictions »), nos psychoses même, sont une révolte désespérée afin de ne pas se laisser engloutir dans une foule de zombies anonymes afin de ne pas devenir des morts-vivants inconscients. Cette prise de conscience graduelle, en parallèle avec le rapprochement au Soi, ouvre alors pleinement ce processus exigeant mais exaltant qui vise la guérison et la transformation.

Comme sortie de ce chapitre, évoquons l'opinion de Francine Saint-René Taillandier :

> « L'individuation n'est pas un luxe réservé à des "belles âmes", ou des gens particulièrement doués, et encore moins instruits. Elle est une nécessité vitale pour l'équilibre de l'individu et son épanouissement (...). Nous irons plus loin en affirmant que l'individuation est, actuellement, la condition *sine qua non* de la survie de l'espèce[5]. »

5. Francine Saint-René Taillandier, *C.G. Jung et la voie des profondeurs*, éd. La Fontaine de Pierre, 1980, chapitre « Méditation », p. 177.

16

Le yoga psychologique

Dès l'introduction de cet ouvrage, nous avons vu qu'un des constituants de base de notre méthode se dénommait le *yoga psychologique*. J'aimerais expliquer en quelques mots d'où l'idée de cette méthode m'est venue, pourquoi et comment elle se pratique. Avant même que je ne débute ma formation en 1984 à l'Institut C.G. Jung à Zurich, une question me préoccupait avec persistance : comment rendre accessibles les révélations de Jung à un plus grand nombre de personnes ? En effet, jusqu'à maintenant, seule une élite restreinte, économiquement à l'aise, peut en profiter. L'analyse jungienne, en effet, s'étend sur plusieurs années et est extrêmement onéreuse. Comme ce travail est aussi une démarche spirituelle, j'ai pensé le rapprocher davantage du yoga hindou. Je voulais alors créer une discipline qui permettrait, au moins à long terme, de réaliser une forme d'auto-délivrance.

Le yoga jungien

Au début de ma recherche, j'ai d'abord été découragé par la réaction négative de Jung face au yoga. Il dit, entre autres :

> « En ma qualité d'Européen, je me sens incapable de souhaiter à l'Européen plus de "contrôle", plus de pouvoir sur la nature en nous et autour de nous[1]. »

Jung est sans doute influencé ici par la définition même de Patanjali, un des plus grands théoriciens du yoga, quand celui-ci déclare : « Le yoga, c'est le contrôle des ondes-pensées dans le mental[2]. » Il avait cependant d'autres raisons de déconseiller le yoga :

> « Au lieu d'apprendre les techniques spirituelles de l'Orient par cœur et de les imiter (...) il serait beaucoup plus important de découvrir s'il existe dans l'inconscient une tendance introvertie analogue au principe spirituel qui domine en Orient. Nous serions alors à même de construire sur notre terre avec nos méthodes[3]. »

Cette idée était déjà beaucoup plus encourageante. J'ai également déniché dans l'œuvre de Joseph Campbell une opinion stimulante. Selon ce dernier, trois points rapprochent la psychologie des profondeurs et le yoga :

1. C'est l'être humain lui-même qui produit les vicissitudes qui semblent lui tomber dessus.

---

1. Carl Gustav Jung, *Psychologie et orientalisme*, chapitre « Le Yoga et l'Occident », Albin Michel, 1998.
2. *The Yoga Aphorisms of Patanjali, How to Know God*, A Mentor Book.
3. Carl Gustav Jung, *op. cit.*

2. Les figures mythologiques et religieuses sont des projections et des fantasmes de la psyché : les dieux et les démons sont en nous.

3. La disposition psychologique de la personne peut être transformée en prenant conscience des rêves et des événements synchronistiques[4].

Par ailleurs, c'est une pensée de Marie-Louise von Franz qui a carrément confirmé mes intuitions. Elle avance, en parlant du yoga :

> « (...) nous ne faisons qu'y hériter la sagesse des Hindous ou des Chinois, sans avoir de contact direct avec notre centre psychique individuel (...). Jung a mis au point une méthode pour accéder à ce centre intérieur, et établir le contact avec le mystère vivant de l'inconscient, seul et sans aide[6]. »

Une voie de synthèse

L'expression « seul et sans aide » m'a particulièrement touché. Cela voudrait dire que, selon cette grande autorité que représente Mme von Franz, on peut faire du travail jungien en dehors de l'analyse classique. Si c'est vraiment le cas, alors cela doit être un engagement à long terme que d'accéder à notre « centre psychique ».

Pour moi, c'est exactement ce que réalisent les yogis véritables. Dans les pays occidentaux, la plupart du temps, le yoga

---

4. *Cf.* Joseph Campbell, *The Mythic Image*, Princeton University Press, 1981.

5. Marie-Louise von Franz, *L'Homme et ses Symboles* (Carl Gustav Jung), chapitre « Le processus d'individuation », éd. Robert Laffont.

n'est qu'une méthode pour obtenir une meilleure santé, un état psychique plus paisible. En Orient, le but, le sens est tout autre. En fait, le mot yoga dérive de la racine du verbe sanskrit *yuh* qui signifie *joindre*. En principe, ce qui doit être joint, c'est le corps et l'esprit, c'est l'ego avec le Soi, autrement dit le moi conscient avec sa source transpersonnelle. Cet objectif du yoga rejoint parfaitement le but du processus d'individuation jungienne.

Mais alors, pourquoi ne pas simplement nous en tenir au processus jungien que nous avons maintenant bien défini[6] ? La réponse est simple. À mon avis, il est à peu près impossible de réaliser le contact avec le « mystère vivant de l'Inconscient » d'une façon profonde et sécuritaire sans apprendre à se détendre, à respirer et à méditer. Cela ne se fait pas, non plus, sans une discipline solide et une assiduité indispensable qu'on rencontre dans les pratiques orientales. À cause des différentes considérations qui précèdent, j'ai gardé le mot *yoga* pour identifier ma méthode. Le mot *psychologique*, je l'entends strictement dans le sens jungien. Ce terme n'a pas chez Jung le sens qu'on lui accorde communément aujourd'hui dans l'enseignement académique universitaire, c'est-à-dire celui, surtout, d'étude des fonctions biologiques du cerveau humain :

> « La psychologie, branche de la philosophie jusqu'à la fin du XIXe siècle, s'est affirmée comme science spécifique en recourant à la méthode expérimentale, aux statistiques et aux modèles mathématiques[7]. »

Selon Jung, cependant, « (...) la psychologie n'est ni la biologie, ni la physiologie, ni aucune autre science que la connais-

6. Voir chapitre 15.
7. *Le Petit Larousse*, 1993.

sance de l'âme[8] ». Pour lui, le mot évoque Psyché, l'héroïne et la déesse de la mythologie grecque, l'épouse d'Éros, qui représente l'âme humaine et l'âme du monde dans ses complexités intemporelles et infinies.

Les composantes de la discipline

Après ce bref résumé des motivations et de la logistique du yoga psychologique, je vous parlerai maintenant de ses composantes essentielles. Il fait appel à une vingtaine de méthodes différentes venant de la psychologie jungienne, du yoga traditionnel ainsi que de quelques considérations personnelles. Prenons au moins quelques exemples : la Lecture, le Journal, le Souffle, la Méditation, etc. (voir la liste complète en annexe).

L'énumération des composantes majeures du yoga psychologique montre que ce dernier vise essentiellement à un bon équilibre du corps, de l'âme et de l'esprit en favorisant un dialogue à long terme avec l'Inconscient. Personne, à moins de se consacrer à plein temps à cette démarche, ne saurait couvrir tous les aspects de la méthode. Chacun est donc appelé à créer sa méthode personnelle selon ses affinités, et à l'enrichir par ses propres découvertes. Compte tenu des possibilités quasiment infinies de combinaisons des éléments et la variation dans le dosage, le cheminement est toujours personnel et unique. Dans l'élaboration de cette méthode personnelle, il est bon de se rappeler les principes suivants :

---

8. Carl Gustav Jung, *Les Racines de la conscience*, Buchet/Chastel, 1994, p. 59.

• Il faut éviter de surcharger notre agenda en voulant faire trop de choses en même temps. Cela conduit à l'agitation, à la dispersion et à la fatigue.

• Il est important d'établir cependant une autodiscipline solide sans se faire violence. Devenez votre propre disciple.

• Il faut une bonne dose de volonté et de patience pour tirer vraiment profit de la méthode. L'assiduité et la régularité sont les clés du succès. Marion Woodman, analyste jungienne de Toronto, avait l'habitude de nous dire : « Si vous n'investissez pas une heure par jour dans votre vie intérieure, ne venez pas me voir, vous me faites perdre mon temps et vous perdez le vôtre. »

• La méthode favorise le processus de croissance intérieure piloté par le Soi mais ne vise pas à des résultats spécifiques. La réalisation n'est pas le fruit d'un effort, mais nos efforts peuvent faciliter l'évolution. Un proverbe zen l'exprime bien : « L'Illumination est un accident. La pratique favorise les accidents. »

On a demandé à Jung si côtoyer l'Inconscient était dangereux, à quoi il a répondu qu'il y avait certainement des dangers dans la démarche, mais qu'il convient surtout d'éviter de paniquer si l'Inconscient se montre menaçant. Un danger majeur est certainement l'identification avec des figures archétypales et l'inflation qui en découle ; c'est dans ces circonstances que l'échange avec des compagnons de route non complaisants peut s'avérer un soutien des plus précieux. Il faut se garder de s'enfermer dans un isolement qui peut conduire à perdre le contact avec la réalité. C'est pourquoi il est important d'avoir une bonne « prise de terre », de s'enraciner dans le corps ainsi que dans la vie concrète, familiale et professionnelle. Une fois encore, « la vigilance, c'est le chemin ».

Applications aux Images intérieures

Voilà l'essentiel de la démarche. Il nous faut maintenant revenir à notre questionnement : comment le yoga psychologique se pratique-t-il dans le cadre de la méthode des « Images de transformation® » ? En fait, il y participe à trois niveaux distincts.

La première utilité de ce « yoga de l'âme » réside dans son application en complétant la partie de la démarche proposée par Marie-Lise. Le/la pratiquant/e, tout en évoluant par rapport à ses *réceptifs* ou à ses *programmés*, peut recourir à un ou plusieurs des points énumérés ci-dessus pour se renforcer physiquement ou psychologiquement dans son travail de *l'imagerie*. Par exemple, quelqu'un peut être guidé par ses rêves, peut faire des mandalas pour se centrer, ou alors peut respirer pour s'énergiser, etc.

La deuxième application concerne surtout l'utilisation de la méthode de l'imagination active pour approfondir la pratique de l'imagerie. Quand le/la pratiquant/e a accompli les premières étapes du *voyage intérieur* – quelquefois même plus tôt – il/elle peut recourir à l'IMAC pour sonder l'Inconscient et en recevoir des informations supplémentaires, plus précises, plus détaillées. De cette façon, il/elle peut, si nécessaire, compléter l'*étape décisive du programmé* avec l'appui de l'IMAC.

La troisième façon de prendre avantage des propositions du yoga psychologique, c'est d'assurer un suivi quand la démarche de base est terminée. En effet, la plupart des autres méthodes de guérison, une fois les symptômes disparus, renvoient les consultants dans leur monde habituel. Par contre, le yoga psychologique permet à la personne intéressée de continuer le processus d'individuation. En créant et en pratiquant notre yoga, la « personne guérie » continue à se garder en bonne forme, fait le nécessaire pour prévenir une rechute possible et se donne un pouvoir pour réussir sa vie.

Voilà ! J'aimerais terminer en établissant la différence entre les yogas de l'Est et de l'Ouest. Le but du vrai yogi oriental est le samadhi, le nirvana, le satori – l'Illumination –, une transformation radicale, l'union avec le « Divin ». Par contre, le « yogi jungien » ne cherche pas cet objectif absolu. Pour moi, dès qu'on peut se faire une idée claire comme quoi la transfiguration de l'être est potentiellement possible, on n'est plus pressé d'y arriver. À partir de là, toutes les étapes du cheminement, même les plus difficiles, reçoivent une nouvelle valeur.

Quatrième partie

L'utilité de la méthode

17

Guérisseur, guéris-toi

Depuis les premières pages de ce livre, il est clair que la méthode « Images de transformation » vise d'abord à aider la guérison des personnes souffrant de maladies somatiques. Cet objectif est inévitablement prioritaire. Pour les malades allant vers la guérison, le premier pas est de se rappeler cette réalité élémentaire que « les symboles non compris deviennent des symptômes ». À partir de là, l'intérêt s'éveille envers les images qui peuvent émerger de partout et qui jusqu'à nos jours ont été largement ignorées. On les accueille avec gratitude, avec sollicitude, on les interprète avec curiosité, on les intègre avec enthousiasme. De cette façon, l'imagerie réceptive et programmée ainsi que l'IMAC apportent rapidement espoir, amélioration et mieux-être.

En revanche, il y a un énoncé de base qu'il importe de connaître : « Je ne peux me guérir moi-même, mais il y a en moi un Pouvoir qui peut le faire, encore faut-il que j'en fasse la demande. » Cette idée nous rappelle que notre relation avec l'Inconscient doit être approfondie si nous voulons guérir. Un rapport respectueux, déférent, confiant envers le Soi nous permet, généralement, de profiter d'un allié inégalable dans notre processus d'autoguérison.

Un cas exemplaire

J'aimerais maintenant vous présenter un cas concret pour illustrer une participation plutôt révélatrice des images dans l'histoire d'une guérison.

En 1989, une ancienne voisine vient me rendre visite pour me demander conseil. Son mari, Jean-Claude, a subi une opération pour un cancer du côlon à l'hôpital Hôtel-Dieu de Montréal. L'opération a parfaitement réussi, mais les médecins se sont rendu compte que le cancer s'était propagé à son système lymphatique. Ses chances de survie sont minces, si bien que les médecins ne lui ont même pas proposé de chimiothérapie. L'épouse de Jean-Claude, qui sait que j'ai été formé à l'Institut Jung de Zurich, me demande si je peux faire quelque chose. J'hésite, mais je la questionne tout de même pour savoir si son mari se souvient de ses rêves. Elle me répond que non, il ne les retient jamais. Ne sachant trop quoi dire, ni quoi faire, je promets seulement à cette dame de rendre visite à son mari.

Le lendemain, en arrivant chez eux, j'apprends avec étonnement que Jean-Claude a fait un rêve la nuit précédente. Son « message de la nuit » est non seulement significatif, mais rassurant. Jean-Claude s'est retrouvé dans sa ville natale, à Saint-Félicien, dans la région du lac Saint-Jean. Il était devant une colline escarpée. Le chemin qui menait au sommet était étroit et en mauvais état. Jean-Claude était chargé de réparer cette route et, pour ce faire, il devait utiliser toute une machinerie lourde. Il travaillait longtemps, le travail était exigeant, mais il réussissait. Une fois cela fait, il s'installait dans sa voiture, remontait la nouvelle route et arrivait au sommet où il apercevait un hôtel. À l'entrée, son épouse et sa fille l'attendaient. Il les rejoignait. Dans ses mains, il tenait un joli objet artisanal en bois qu'il leur offrait. C'était un voilier.

À la suite de ce rêve, j'ai pu dire à Jean-Claude qu'il allait guérir. Que s'il mettait à contribution toutes les ressources médicales et holistiques disponibles – la machinerie lourde –, il finirait par remonter la pente – la colline –, par rejoindre les siens qui l'attendaient dans une situation de transition – l'hôtel – en leur offrant le fruit de son processus d'individuation – le voilier.

Jean-Claude a été touché par cette interprétation. Mais je dois ajouter que son inconscient a également été touché par l'intérêt qu'il avait porté à ce rêve car, la nuit suivante, il a fait sept autres rêves qui tous lui parlaient de son état de santé. Encouragé par ces messages, il a demandé à la direction de l'hôpital de lui accorder des traitements chimiothérapiques, malgré la décision officielle, ce qu'il a obtenu. Parallèlement à ces traitements, Jean-Claude a pratiqué l'imagerie, a apporté des changements à son régime alimentaire, s'est donné un programme d'exercices, a commencé à méditer... J'ai continué aussi à interpréter ses rêves, ce qui nous a permis d'identifier certaines des causes à la source de son cancer. Il était littéralement guidé pour surmonter son désespoir et dépasser les émotions négatives qu'il entretenait face à sa maladie, comme en témoigne ce rêve où il rentrait chez lui après une visite à l'hôpital, découragé, défait. Résigné, il rédigeait son testament, envahi par la tristesse et le désespoir. Tout à coup, la pièce commençait à se rétrécir autour de lui. Les fenêtres disparaissaient, le plafond descendait vers lui et les murs étaient couverts de coussinets blancs, soyeux. Jean-Claude étouffait. Il criait.

Un tel rêve n'a presque pas besoin d'être interprété. Comme je l'ai expliqué à Jean-Claude :

« Que tu sois inquiet par rapport à ton état de santé, c'est compréhensible. Qu'en tant que père de famille responsable, tu rédiges ton testament, c'est normal. Mais le rêve te prévient que si tu continues à broyer du noir, tu es en train de fabriquer ton propre cercueil. »

Jean-Claude a persévéré. Six mois plus tard, les examens médicaux ne décelaient plus aucune trace de cancer dans son organisme. Par la suite, à cause d'un accident, il a dû subir une autre intervention chirurgicale. Celle-ci a démontré que son système lymphatique était parfaitement sain. Dès la réception de son rapport médical, il m'a téléphoné : « Nicolas, je suis l'homme le plus heureux de la terre ! » Cela fait maintenant quinze ans et nous sommes devenus entre-temps de très bons amis.

Au-delà de la « machine brisée »

L'exemple de Jean-Claude, en plus d'être instructif, démontre à quel point les traitements formidables de la médecine officielle gagnent à être complétés par la démarche holistique.

Mais, en ce qui concerne la maladie et ses causes, je dois préciser ma pensée. Toute maladie n'est pas psychosomatique. Il y a bien des cas où des parties de la machine corporelle ont été endommagées, brisées avant ou après la naissance. Il y en a qui se sont détériorées au cours de l'existence, abîmées par un mode de vie malsain. La chirurgie peut merveilleusement remplacer un rein, un foie qui ne fonctionnent plus, mais, dans les cas de cette sorte, notre méthode ne peut pas offrir grand-chose. Il n'en reste pas moins que certaines personnes ont réussi des processus d'autoguérison tout à fait improbables et stupéfiants. Pour cette raison, une personne, même atteinte d'une maladie incurable, peut quelquefois tirer profit de notre méthode.

Il est également intéressant de remarquer que même des

personnes irrémédiablement condamnées peuvent puiser dans le travail d'imagerie un réconfort face à leur souffrance et leur désespoir. Ma cliente Louise, dont je vous ai déjà parlé et qui a réussi à survivre trois ans après sa première chimiothérapie, m'a confié un jour : « Nicolas, je n'ai jamais été aussi heureuse de ma vie que depuis que je suis malade. Je pars tous les matins au bureau joyeusement. Je regarde les gens dans les yeux. Je leur souris. Je les aime. Je profite intensément de tous les moments que la vie m'offre. » Ce genre de témoignage, nous l'entendons souvent. Chez moi, cela produit un certain soulagement, mais aussi une grande tristesse : quel dommage, pourquoi seulement maintenant ?

Lorsqu'on ne se trouve pas devant une « machine brisée », force est de revenir à notre conviction fondamentale : une grande partie des maladies sont le résultat d'une détresse de l'âme, d'une démission devant la vie, d'une attitude suicidaire inconsciente. Nous en avons abordé les causes dans ce livre, de façon sommaire : ces états sont provoqués par le refoulement de nos instincts jouissifs, l'élimination de nos dimensions divines décriées et l'acceptation docile et impuissante des conditions de la « vie moderne ». Pour résumer plus poétiquement mon propos : nos corps sont des tablettes d'argile sensibles sur lesquelles l'Âme contemporaine incise insidieusement ses cris de détresse ignorés.

18

Vive la névrose

Une deuxième catégorie d'affections face auxquelles nous nous efforçons d'aider nos clients à se guérir ne concerne pas le corps, mais plutôt le psychisme ou, si l'on préfère, le mental.

Certaines de ces maladies, telles que la paranoïa, la psychopathie, la schizophrénie, etc., font partie des psychoses. Ce sont des pathologies graves sur lesquelles notre méthode n'a guère d'influence. Tout ce que le thérapeute peut faire, c'est diriger le malade vers des psychologues ou des psychiatres.

La plus grande partie des infirmités psychologiques appartiennent au groupe des névroses : les phobies, l'anxiété, les obsessions, certaines formes de dépression, etc. Là encore, si la névrose est identifiable, la personne souffrante sera orientée vers des médecins spécialistes compétents. En revanche, dans notre pratique, nous rencontrons régulièrement des « personnes névrotiques » : bien souvent, il s'agit de cas que « la névrose officielle ne connaît pas »... Bien entendu, ce ne sont pas des cas pathologiques, mais ils n'en causent pas moins beaucoup de souffrance et, avec le temps, peuvent même devenir des sources de maladie mentale ou corporelle. C'est pour cette raison que nous nous en occupons, c'est pour cela que dans la pratique de l'Imagerie, nous offrons une exploration des aspects psychiques des symptômes et des souffrances (voir le chapitre 8).

Quelques notions rassurantes

En parlant de « névrose » dans cette partie utilitaire de notre livre, j'aimerais rappeler quelques réalités qui pourraient nous réconcilier un tant soi peu avec nos dimensions névrotiques. Tout d'abord, rassurons-nous : tout le monde est quelque peu névrosé ! Fumer ou boire régulièrement un verre de trop ne sont pas considérés comme des maladies : pourtant, ces activités signalent des habitudes obsessionnelles, souvent causées par l'anxiété ou par l'hystérie. Par ailleurs, toutes les émotions qui ne sont pas intégrées à la conscience lors de leur éruption nous rendent inévitablement névrotiques : peur, colère, jalousie, etc. Jung aurait dit, paraît-il : « Dieu merci, je suis névrotique. » C'est très rassurant. Ce n'est pas parce que je fume, que je bois ou que je souffre de claustrophobie que je ne peux être un individu respectueux, dévoué, utile, aimant. Les jugements face à nos névroses créent parfois des traumatismes supplémentaires et injustifiés.

La névrose peut être la manifestation d'une mauvaise adaptation à la réalité. Elle peut être causée par la paresse, par un sentiment d'infériorité, par le refus d'être mature... Elle peut aussi manifester une résistance contre les injustices de l'ordre social (la discrimination raciale, par exemple), ou s'expliquer par une série de traumatismes subis dans l'enfance. Il faut une petite évolution personnelle avant de pouvoir mettre en pratique le précepte bouddhiste : « Participation joyeuse dans les misères du monde. »

Stanislav Grof, psychiatre américain d'origine tchèque et père fondateur de la psychologie transpersonnelle, a une attitude tout à fait originale face à ces maladies névrotiques. Il les appelle « crises spirituelles » ou « tension spirituelle » et propose comme « traitement » l'« extension spirituelle » (« *spiritual emergency* »). Je ne peux présenter en détail sa méthode, tout à fait nouvelle[1]. Il s'agit là toutefois d'une lueur d'espoir hors du monde des électrochocs et des neuroleptiques.

Des tentatives d'autoguérison

Grof et Jung sont, d'ailleurs, parfaitement d'accord pour considérer les névroses comme des tentatives d'autoguérison. Cette affirmation peut sembler déroutante. Quel bien pourrait résulter d'états d'âme débilitants et de souffrances insupportables ? Pourtant, on ne peut se libérer des douleurs refoulées qui minent nos vies et empêchent notre bien-être sans laisser émerger les traumatismes enterrés. Tout se passe comme s'il existait en nous une intelligence qui refuse que nous restions ignorants de notre réalité essentielle. Cette intelligence cherche alors et trouve de bons motifs pour nous torturer, nous éveiller, élargir notre conscience. Nous avons alors le choix de fuir ou d'accueillir l'Intrus inconnu. Et comme nous n'aimons pas l'inconnu, généralement nous choisissons la fuite (alcool, drogue, nourriture, télévision, etc.). Jusqu'au jour où nous n'avons plus le choix, où, affligés d'une phobie invalidante ou dévorés de souffrance, nous disons « oui » et tendons la main. Commence alors une nouvelle étape.

La guérison, la transformation débutent, le plus souvent, par la réception favorable et par l'interprétation des images intérieures. Elles commencent à nous guider, elles nous dévoilent nos parties obscures, elles démystifient nos terreurs. Elles nous amènent aussi à notre Shangri-La, dans la vallée de la

1. Voir *Psychologie du futur et conscience planétaire*, Dervy.

paix et du bonheur. Oui, les images nous ouvrent un horizon nouveau. Grâce à elles, nous pouvons au moins entrevoir notre totalité. Et, à partir de là, les névroses perdent leur apparence hideuse. Désormais, nous ne les rencontrerons plus comme des ennemis mortels, mais comme des messagers loquaces.

19

Enfant blessé, enfant divin

L'image la plus fréquente que nous rencontrons dans l'Imagerie réceptive, dans les rêves, dans les IMAC, est la maison familiale où nous avons passé notre enfance et où nous rencontrons notre Enfant intérieur. Le plus souvent, ces visites se terminent par des découvertes douloureuses, des secrets troublants, le surgissement d'émotions depuis longtemps enterrées, des retrouvailles avec des parties clivées de notre personnalité. Au début d'un cheminement thérapeutique, ces retours vers les années de l'enfance sont plutôt pénibles, dérangeants. Pourtant, leur importance dans un processus de guérison est primordiale. Nous devons quelquefois littéralement « sauver notre Enfant intérieur ». Souvent, il est emmailloté dans des langes étouffants, laissé seul quelque part, enfermé dans une armoire, rejeté, battu, agressé. Une de mes clientes rêvait régulièrement qu'elle se rendait avec son bébé dans les bras au bord de la mer, et là, elle le jetait d'une falaise dans les flots...

Un cas de traumatisme insolite

Se retourner vers l'Enfant que nous étions, que nous sommes toujours, n'est donc pas une aventure attrayante. La première terreur qui nous retient de le faire, c'est de retrouver le traumatisme périnatal. Naître, c'est un peu mourir, et ça se passe toujours dans la souffrance et dans l'angoisse. Débarquer dans le monde extérieur est particulièrement traumatisant quand, pour des raisons médicales, on quitte le sein maternel pour un séjour à l'hôpital ou parce que la mère n'accepte pas son enfant, lequel est alors envoyé vers des foyers d'accueil. Les Imageries et les rêves d'adultes de ces « enfants abandonnés » témoignent fidèlement de la souffrance encourue lors de ces séparations précoces, qui marquent presque toujours leurs victimes pour toute la vie.

Je citerai un cas où le trauma grave a même précédé la naissance. Une femme d'une quarantaine d'années, qui occupe un poste important dans une organisation socioculturelle, me consulte car elle n'arrive pas à pratiquer l'IMAC avec son thérapeute. Dès notre première séance, après les étapes de préparation, une fois ses yeux fermés, elle commence à sangloter. Elle revit une tristesse et une angoisse incontrôlables, qui la poussent vers une catharsis révélatrice. Elle se retrouve fœtus dans l'utérus de sa mère et voit une main gantée qui vient l'en arracher. Elle ressent une peur atroce. Elle essaie d'éviter la main du mieux qu'elle peut. Finalement « l'idée lui vient » de se coller à la partie supérieure de l'utérus. De cette façon, la main ne réussit pas à la trouver.

Une tentative d'avortement exécutée à la demande de la mère avait ainsi échoué. Cette personne a retrouvé après notre « travail » une détente et un bien-être qu'elle n'avait, selon ses propres termes, jamais encore ressentis.

Parents bourreaux, parents dévoués

La seconde difficulté majeure que nous rencontrons après notre naissance concerne l'interaction avec nos parents et plus particulièrement avec notre mère. La manière qu'a celle-ci de nous traiter et de nous aimer nous marque pour la vie. Mais, même face à la meilleure d'entre elles, les conflits se présentent tôt ou tard. Aucune mère ne peut donner autant d'amour que son enfant voudrait avoir. Alors une certaine frustration est en principe inévitable, et normale.

Cependant, et cela nous le tenons de notre travail thérapeutique, beaucoup de parents ne sont pas à la hauteur de leurs responsabilités. Nous rencontrons beaucoup de cas où les enfants ont été jugés, infériorisés, sauvagement battus, sexuellement agressés. On comprend que les rêves de ces personnes concernant l'Enfant intérieur ne soient pas très joyeux.

Prenons un exemple. On dirige vers moi une dame qui veut me raconter un rêve inquiétant qu'elle a d'ailleurs déjà fait vingt ans auparavant. Dans ce rêve, elle entre pendant la nuit dans la chambre de ses deux filles, qui dorment paisiblement. Elles ont sept ans et huit ans. Elle se jette sur ses enfants et les poignarde. Elle va par la suite dans la chambre où dort son mari et le poignarde également. Quand cette dame a fait ce rêve la première fois, elle s'est présentée à l'hôpital psychiatrique, croyant qu'elle voulait tuer ses enfants. On ne l'a pas gardée longtemps puisqu'elle était parfaitement saine d'esprit. Vingt années ont passé. Ses enfants sont devenues adultes. Elle est divorcée. Elle vit près de la maison de son père, avec qui elle a un rapport cordial. Mais alors pourquoi ce rêve revient-il maintenant ? Pour pouvoir l'interpréter, je lui ai posé une seule question : « Que viviez-vous quand vous aviez 7-8 ans ? » Elle m'a répondu : « J'ai été souvent battue et violée dans le temps. » Voilà ! J'ai dû alors lui expliquer que ce qu'elle a voulu « tuer », c'étaient « les enfants traumatisées » en elle. Son mari même, qu'elle a tué dans le rêve, était le père de ses enfants, symboliquement le père agresseur. Elle a voulu tuer cette partie « méchante » de son père aussi et effacer de ses souvenirs cette période tragique de sa vie. – J'ai revu cette dame fortuitement un an après l'interprétation de son rêve. Elle se portait très bien et n'avait plus de rêves macabres.

Fort heureusement, la majorité des parents adorent leurs enfants et se comportent d'une façon tout à fait responsable. Mais la perception qu'un enfant a de ses parents ne correspond pas toujours à l'attitude parentale apparente. On sait que les parents se projettent dans les enfants et que les traumatismes qu'ils ont pu eux-mêmes vivre influencent insidieusement les destinées de leur progéniture. Les enfants créent alors des parents intérieurs très différents de leurs parents réels. Quand nous rêvons que nos parents meurent, ou que nous les tuons quelquefois, il s'agit, bien sûr, de ces parents intérieurs tout à fait symboliques.

En général, les enfants ressentent parfaitement l'état d'âme réel des parents. Voici un rêve qui en témoigne. Une dame de 60 ans qui a beaucoup souffert pendant son enfance revoit cette partie de sa vie dans le miroir de son Inconscient. Dans son rêve, les parents rassemblent leurs quatre enfants et leur annoncent qu'une catastrophe inévitable est sur le point d'arriver. C'est la mort assurée, après une longue période de souffrance intense – une façon de voir l'existence humaine, quoi ! Mais ils ont trouvé la meilleure solution : ils expliquent aux enfants qu'ils vont tous se suicider ensemble par un poison qui agit instantanément. La rêveuse n'est pas d'accord, mais la décision parentale est prise. Commence alors une longue attente angoissée : quand et comment vont-ils devoir avaler le poison ? Les repas font peur et même l'eau du robinet est louche…

Pour moi, ce poison n'était pas vraiment instantané. Au

contraire, ma cliente a dû l'avaler goutte à goutte pendant de longues années avant qu'elle ne se libère de cette influence, avant qu'elle ne se crée un style de vie totalement différent du modèle parental.

Des voies de dépassement

En tant que praticien, la question est constamment présente en moi : que pouvons-nous faire concrètement pour des personnes souffrant d'une image parentale pauvre, dévalorisée ? J'ai deux approches à proposer.

Pour illustrer la première, prenons d'abord le cas d'une femme dont la mère aurait été malheureuse, malade, peu aimante. Je suggère alors qu'elle trouve une figure de femme qui pourrait représenter pour elle la mère positive idéale. Cette image peut venir d'un personnage historique, d'une personnalité du monde des arts, de quelqu'un de son entourage, ou même de son monde intérieur. L'important est qu'elle garde cette image présente dans sa vie, d'en faire un « yantra », une affirmation visuelle, de se laisser imprégner de ses qualités et de ses énergies. Cette pratique peut guérir par rapport à une image maternelle peu inspirante. La démarche est la même pour un homme aux prises avec une image paternelle dévalorisée.

Ma deuxième proposition, dans le cas d'une souffrance causée par des parents défaillants, je l'appelle l'« intégration philosophique ». Cela se pratique à peu près de la façon suivante. Quand quelqu'un se plaint à moi d'un ou deux parents terribles, violents, abuseurs, je rappelle à la personne que « les bourreaux sont eux-mêmes des victimes ». Si un parent agit mal envers son enfant, c'est qu'il est lui-même perturbé, perdu. Cet état vient généralement de son propre milieu familial. – Faut-il alors blâmer les grands-parents ? – On ne peut pas. Ils étaient déjà eux-mêmes des victimes. – De qui, de quoi ? – Évidemment, ils ont été influencés par leur éducation, par leurs conditions de vie, par la culture, en un mot par la société. – Alors la société est-elle le vrai bourreau ? – Possiblement, mais au fond la société n'est qu'un produit de la nature. – Alors la faute, et ainsi la souffrance, viennent de la nature ? – Apparemment. Tout dépend si nous considérons la nature comme la réalité ultime, ou si nous pensons qu'il y a un créateur quelconque qui contrôlerait la nature. – Alors cela voudrait dire que la cause du mal, c'est Dieu lui-même ? – Je n'en sais rien ! Tout ce que je soutiens, c'est que, derrière le conflit avec les parents, il y a toute une série de facteurs qui interviennent. Les prendre en considération ne me permettra peut-être pas de comprendre « l'ordre des choses », mais de créer plus facilement en moi une attitude tolérante, plus détachée, par rapport à eux. Le fait de pouvoir disculper l'autre suivant un raisonnement logique nous permet non seulement de nous réconcilier avec lui, mais aussi de nous libérer de nos propres colères et infériorisations, ce qui évidemment favorise la guérison.

De la plaie principale à la rédemption

Revenons maintenant à notre thème de base, à notre Enfant intérieur. Il nous faut nous rappeler que, dans chaque vie d'enfant, il y a une brisure, un drame, une perte irrévocable. Marie Lise l'appelle la « blessure fondamentale ». Pour les jungiens, cela correspond avec la perte du sentiment de totalité. Cette perte nous arrive tôt ou tard à travers un événement plus ou moins dramatique. En effet, il n'est pas besoin d'une agression terrible pour détruire notre totalité originelle. Une de mes amies s'est rappelé qu'à cinq ans elle a fait un dessin pour son père, en guise de cadeau d'anniversaire. Quelques jours après, elle a retrouvé son dessin dans la poubelle. À ce moment-là, son monde d'enfant heureuse a éclaté : « Mon père ne m'aime pas. » Suite à cette sorte de trauma, nous nous efforçons de retrouver notre plénitude toute notre vie, souvent par des moyens illusoires (encore et toujours : alcool, drogues, sectes, etc.). C'est une quête qui est très longue et qui n'a de chances de succès que grâce à un travail sur soi soutenu, qui vise à réintégrer cette dimension d'enfant retranchée par la « blessure fondamentale ».

Mais, alors, concrètement, que pouvons-nous faire pour ce petit garçon, cette petite fille abandonné/e, perdu/e, en colère, que nous retrouvons dans nos imageries, nos rêves et nos IMAC ? Il nous faut, pour commencer, l'accueillir, lui montrer notre affection, nous réconcilier avec lui. Cela n'est pas toujours facile. L'enfant abandonné est souvent coléreux, ou démissionnaire. Dans le rêve d'une femme, une petite fille démoniaque arrive brusquement dans sa maison. Elle est terriblement agitée, elle commence à démolir l'intérieur de l'appartement. La femme court chercher de l'aide. Avec le concours des voisins, elle réussit à maîtriser l'enfant. Elle appelle la police. L'enfant hurle : « Vous avez tort de me traiter ainsi. C'est moi qui amène le changement. » Dans nos visualisations, il nous faut trouver un endroit agréable où l'Enfant intérieur peut vivre, jouer. Dans la réalité quotidienne, il est important de ritualiser nos retrouvailles. Par exemple, nous créons un photomontage de nos images d'enfance. Nous le plaçons à un endroit bien visible dans notre demeure. Ceci permet de nous rappeler tous les jours que, désormais, cet enfant est ressuscité et participe à notre vie.

L'Enfant symbolise, entre autres, notre capacité d'émerveillement, nos potentialités inhérentes, notre capacité d'évolution spirituelle. Nous la recherchons, nous l'adorons en secret, inconsciemment. Les hommes les plus désabusés ne peuvent garder leur sang-froid devant le sourire d'un enfant. L'enfant est l'espoir d'avenir de l'humanité. La majorité des humains ne vivent que pour et à travers leurs enfants. Beaucoup sacrifient littéralement leur vie pour leur bien-être. Dans notre culture, l'Enfant divin est l'aspect le plus touchant, le plus acceptable de l'image-Dieu. Aucune fête chrétienne n'est célébrée avec autant d'ardeur que Noël. Même ceux qui ne pratiquent pas leur religion pendant toute l'année se retrouvent systématiquement à la messe de minuit. La course aux cadeaux même – à part une compulsion collective grotesque –, cache une volonté d'honorer l'Enfant chez nos proches, et surtout en nous-mêmes. On pourrait aussi bien écrire sur nos cadeaux : « Je salue l'Enfant divin en toi ! »

20
Les images à l'œuvre

Notre monde intérieur est toujours là, de l'enfance à la mort. Dès que nous sommes le moindrement à son écoute, il est prêt à réagir, à nous gronder, à nous conseiller, à nous inspirer. Les informations reçues de l'Inconscient nous laissent souvent songeurs, incrédules. Ce n'est qu'une analyse approfondie, une réflexion soutenue qui nous permet de réaliser qu'une nouvelle parcelle de l'essence des choses nous a été révélée. Chaque Imagerie ou IMAC nous apporte un de ces fragments significatifs de l'existence. J'aimerais vous en donner quelques exemples qui, au-delà de la guérison, concernent des étapes et des dimensions majeures de nos vies.

La tristesse des ancêtres

Nous avons vu, dans le chapitre 19, à quel point nos parents influencent nos destinées. C'est également vrai pour nos ancêtres plus lointains, que j'appelle souvent pour mes clients « les générations sacrifiées » : la grande majorité des humains appartenant à ces générations ont vécu en effet leur existence dans un assujettissement économique et culturel quasi total. Une de mes clientes a reçu en rêve ce message bouleversant : « Si tu as le cancer, c'est que tes ancêtres n'ont pas pleinement vécu. »

Ce qui est beaucoup moins connu et évident, c'est que, selon les visions et les rêves, le vécu des gens d'aujourd'hui peut agir sur des êtres depuis longtemps disparus du rang des vivants. Il ne s'agit pas du dialogue que l'on peut avoir en rêve avec des personnes mortes, même si c'est un autre phénomène intéressant. C'est le fait que, tout simplement, la manière dont nous vivons aujourd'hui peut leur être utile, et que cela ressort dans les rêves. Et je ne veux pas prétendre par là que je crois à la survie de l'âme ou à la réincarnation : je pense en fait que ces ancêtres pourraient bien être « les ancêtres intérieurs en nous ».

Pour être plus clair, voici un rêve qui illustre mon propos. Un jour, une de mes collègues me demande de voir une femme qui, pour elle, représente un cas désespéré, « au cas où, par hasard, tu pourrais faire quelque chose pour elle ». Je commence à travailler avec cette personne, une jeune femme brillante, mais terriblement blessée dans son enfance et qui se retrouve seule, avec un petit enfant, dans une situation financière difficile. Au bout d'un an et demi, cette femme est transformée : elle a recommencé ses études, a travaillé son corps, a trouvé du travail, a retrouvé le goût de vivre. Mais le plus intéressant ici, c'est alors qu'elle fait le rêve suivant. Elle se retrouve dans une campagne bucolique dans laquelle elle aperçoit une belle vieille maison, style Normandie. Près de la maison, se trouve un champ fraîchement labouré, bordé d'un côté par une rangée d'arbustes. La rêveuse marche vers le champ. À son grand étonnement, elle réalise que ce qu'elle prenait pour des arbustes, ce sont en réalité des formes humaines alignées. Des femmes, habillées de costumes des siècles passés, qui l'observent. En les regardant, ma cliente devient tout à coup très consciente du processus de transformation qu'elle a accompli. Elle marche devant elles, d'un air triomphant. Elle réalise alors qu'à mesure qu'elle avance, chaque femme qu'elle dépasse éprouve un orgasme. Cet exemple montre bien que quand un être humain se prend en main et réussit dans la vie, il opère la rédemption de ces générations sacrifiées.

La frustration d'amour

Au cours d'une interview filmée, j'ai entendu Marie-Louise von Franz parler d'« amour différencié ». Cette définition veut dire : « Aimer une personne unique pour son unicité. Il s'agit d'un sentiment d'une très grande précision. C'est l'amour vrai, l'amour qui guérit, qui permet à l'autre de retrouver sa totalité (…). » J'aime particulièrement cette définition parce que les messages contenus dans les rêves abondent dans le même sens quand ils concernent les relations d'amour. Ils encouragent aussi la liberté, le détachement, la jouissance, s'ils ne nous font pas littéralement jouir. En voici un petit exemple, raconté par une cliente dont je savais qu'elle ne connaissait pas beaucoup de sexualité dans sa vie de couple : « L'autre nuit, je dormais profondément, mais dans un rêve, j'éprouvais un grand sentiment d'amour. Je me suis réveillée et me suis retournée vers mon mari. Il venait aussi de se réveiller. Nous nous sommes spontanément regardés dans les yeux et sans nous toucher, nous avons vécu un orgasme simultané extraordinaire. » Cet événement spontané venu de son monde intérieur a permis à cette dame de retrouver une vie sexuelle valorisante.

Pour Wilhelm Reich, tout cancer trouve son origine dans la frustration sexuelle. Personnellement, je n'aime pas les déclarations aussi absolues. Mais je me suis aussi rendu compte, dans ma pratique thérapeutique, qu'à l'origine de nombreux cas de maladies graves, il y a un traumatisme ou une frustration sur le plan sexuel – de « frustration d'amour », les grands spécialistes de la santé n'en parlent même pas. Voici un exemple moins grave dans lequel les images intérieures ont été cependant d'une grande utilité pour mettre au jour un problème de cet ordre.

Un jour, je reçois la visite d'un ami. Il se trouve devant un dilemme très douloureux. Il vit une excellente relation d'amour avec sa compagne depuis des années, mais il vient de rencontrer une femme pour laquelle il éprouve une passion démesurée. Il me demande conseil : laquelle des deux femmes doit-il choisir ? Évidemment, je ne peux trancher pour lui, mais, touché par son désarroi, je lui propose de consulter plutôt son Inconscient par la méthode de l'IMAC qu'il connaît fort bien. Nous commençons la séance. Après avoir évoqué quelques scènes décousues, mon ami se tait longuement. Puis, sur un ton plutôt sensuel, il me raconte : « Je suis couché nu, sur des rochers, au bord de la mer. Il fait beau. Les vagues baignent mon corps. C'est très agréable. » Suit un autre silence, puis la voix de mon ami adopte un ton lyrique : « L'amour nous sculpte, comme les vagues sculptent les rochers. » Et là, soudain, il me dit, avec une solennité qui me saisit : « Je suis celui qui ne sera jamais sculpté ! Je suis celui qui ne peut être touché ! Je suis celui qui est touché partout ! » Plus tard, mon ami reprend ses esprits et recouvre sa personnalité habituelle, comme s'il se réveillait d'un profond sommeil. Il s'en va sans que nous ayons parlé de sa « vision ». J'espère que cette identification avec sa dimension intérieure de totalité a pu, sinon l'aider à résoudre son dilemme, au moins l'éclairer et apaiser sa souffrance d'être déchiré dans ses sentiments.

L'appréhension de la vieillesse

La vieillesse fait peur. Si on se fie à ce qu'on voit dans certains foyers pour personnes âgées, on peut conclure que la vieillesse est déchéance, affliction, amertume, horreur. Pourtant, la vieillesse s'appelle aussi l'âge d'or, et elle peut aussi être, réellement, le plus bel âge de la vie. Arriver à 70 ou 80 ans après une vie de fuite, bien sûr, c'est cruellement tragique. Dans ce cas, il est peut-être préférable de rester inconscient face à ses potentialités non vécues. Mais si on a pu semer quelques bonnes graines et s'accomplir dans sa vie personnelle avec un peu de succès, la vieillesse peut être perçue comme un automne doré. Elle peut être un temps de paix, de plaisir, d'harmonie. On n'a plus rien à prouver. Il n'y a plus d'avenir et le présent en prend davantage d'importance. On peut même faire l'expérience de découvertes inespérées, on peut vivre avec plénitude le moment présent (je parle d'expérience).

On peut pour cela se trouver fortement encouragé par nos images intérieures. Commençons par un exemple concernant la peur de prendre de l'âge.

Un jour, il y a une quinzaine d'années, je reçois un coup de fil d'un ami m'apprenant qu'il était hospitalisé pour une grosse tumeur dans le ventre. Il subit une radiothérapie pour la faire diminuer, avant d'être ensuite opéré. Bien entendu, je lui rends aussitôt visite et, comme de raison, il a un rêve à me raconter. Dans ce rêve, il se retrouvait devant le pont qui mène à San Francisco et qu'on appelle le Golden Gate. Mon ami savait qu'il devait traverser le pont, mais il n'osait pas s'y engager parce qu'un vent très fort faisait trembler la structure. Pendant qu'il hésitait, de la chaussée couverte de goudron émergeait un grand serpent noir qui s'entortillait autour de son corps. Une jeune femme arrivait aussitôt et elle essayait de le libérer du serpent. Mon ami avait reconnu dans les traits de cette femme l'infirmière qui le soignait à l'hôpital.

Dans mon interprétation de ce rêve, j'explique à mon ami que le fameux Golden Gate – en français, Portail d'Or – symbolise l'âge d'or auquel il accède maintenant (il atteignait alors justement 60 ans). Le vent qui lui fait peur symbolise les courants troubles de la vieillesse. Plus précisément, c'est la diminution de sa puissance sexuelle qui inquiète mon ami. Alors il « hésite ». Autrement dit, il n'est pas sûr de vouloir rester en vie et de traverser cette période de déchéance. Cette « incertitude » désactive son système immunitaire et c'est pourquoi le serpent/cancer a pu se manifester. L'infirmière représente l'Anima, la force de vie corporelle qui veut que mon ami continue à jouir de l'existence.

Quelques jours après ma visite à l'hôpital, il me téléphone de nouveau : « Nicolas, il n'y aura pas d'opération. Mon chirurgien est venu me voir ce matin. Il n'y a plus de trace de tumeur dans mon ventre. La radiation a tout nettoyé. »

Mon ami est mort dix ans plus tard d'une crise cardiaque, après avoir vécu encore une belle série de relations amoureuses.

Juste encore « un petit rêve » concernant un âge d'or très bien vécu. Je rencontre dans un train cette dame âgée d'à peu près 75 ans. Nous causons pendant des heures. Elle m'apprend qu'après une vie plutôt parsemée de tragédies, maintenant elle vit seule et elle aime ça. Souvent elle dresse une longue liste d'articles de luxe, elle fait les magasins, y passe des heures, sans rien acheter mais pour communiquer avec les gens, et elle s'amuse beaucoup. Nous arrivons alors à la gare où je dois descendre, mais elle a encore quelque chose à me raconter : « Vous savez, monsieur, ces temps-ci je rêve régulièrement que je fais un voyage vers le Nord lointain. Vous savez, où il n'y a plus de végétation, mais plutôt de la neige et de la glace.

Et de là, je vais encore plus loin. Et là, monsieur, je vois des fleurs d'une beauté exquise. Pendant toute ma longue vie, je n'ai jamais vu de fleurs aussi belles. Oh ! Que j'aimerais connaître la peinture pour pouvoir montrer aux autres ces fleurs inimaginables ! »

J'ai failli ne pas descendre du train à temps.

La peur du grand départ

La réalité la plus effrayante, la plus mystérieuse de nos vies, c'est encore la mort. Pourtant, en y réfléchissant, devenir immortel est une idée encore plus insupportable. Si nous voulons vivre pleinement, le mieux est encore apprendre d'abord à mourir. Encore que « l'idée de la mort est la mère de toute philosophie », il est alors intéressant d'aller voir ce qu'en pensent nos images intérieures.

Dans un rêve, une dame se rend à une montagne, dans le flanc de laquelle est installé un mouroir. Les gens y vont pour mourir (ma cliente a effectivement visité en Inde un mouroir établi par Mère Térésa). Dans son rêve, c'est une grotte/dispensaire où une vieille femme s'apprête à mourir. Elle est couchée sur un divan et annonce à l'intervenante qu'elle est prête à prendre la pilule. La jeune femme lui apporte sur une assiette un cachet doré. La vieille dame le prend alors dans sa main, le contemple puis l'avale bien calmement. Ma cliente en est très perturbée. Elle parle à la vieille femme : « Non ! Mais vous vous rendez compte... Vous allez mourir. C'est terrible. » La vieille dame la regarde avec un air d'amusement. Puis elle tourne ses yeux sereinement vers son monde intérieur. Elle se laisse aller, elle meurt le sourire aux lèvres.

J'ai posé cette question à ma cliente :

« Pourquoi pensez-vous que cette femme pouvait mourir si paisiblement ? »

C'est moi qui lui ai apporté la réponse : symboliquement, l'or est un métal qui représente quelque chose d'éternel. Avaler la pilule représente alors l'intégration de l'idée que quelque chose en nous reste vivant pour l'éternité. – Ce n'est pas moi, c'est le message de l'Inconscient à travers le rêve.

Il arrive quelquefois qu'en tant qu'intervenant, nous devions accompagner nos consultants dans la mort. Voici un de ces cas, que j'ai trouvé bien instructif. Une de mes anciennes clientes me téléphone, un jour, de l'hôpital. Elle m'annonce que les médecins ont peu d'espoir de la garder en vie. Quand j'arrive à l'hôpital, elle m'avoue qu'elle a très peur de la mort et qu'elle espère une guérison miraculeuse. Malheureusement, elle est déjà en phase terminale, souffrant d'un cancer généralisé. Nous travaillons ses rêves et faisons quelques IMAC, sans arriver pour autant beaucoup à la rassurer. Son état se détériore rapidement. Au cours de mes visites successives, je suis témoin d'une angoisse de plus en plus insoutenable. Un jour, cependant, je constate un changement d'humeur favorable. Elle me raconte alors un rêve dans lequel elle a été forcée de quitter l'hôpital seule, pendant la nuit, vêtue seulement de son sarrau de malade. Elle avançait, terrifiée, dans un paysage enneigé. Tout à coup, elle a aperçu une meute de chiens sauvages qui couraient dans sa direction. Elle pensait qu'ils allaient la dévorer aussitôt. Mais non ! Dès que le chien qui guidait la meute s'est retrouvé en face d'elle, il s'est arrêté et a dit sur un ton rassurant : « Ne nous crains pas. C'est nous qui allons te guider en dehors de la glace et de la nuit. »

Ce rêve n'avait pas besoin d'interprétation. Il laissait ma cliente dans un état de sérénité relative. Elle est morte deux jours plus tard, et ses dernières paroles ont été : « C'est beau. »

Pour moi, la meute représente le chien Cerbère à trois têtes, gardien mythologique du monde des morts. Ce que j'ai compris de ce rêve, c'est que ce chien nous fait très peur tant que nous devons rester en vie, mais quand le moment de partir arrive, il peut devenir notre guide.

La seconde leçon que j'ai tirée du départ tragique de ma cliente, c'est une explication des visions extraordinaires qu'ont souvent des personnes dans des états de mort clinique. Nous sommes durant nos vies empêchés par notre mental de percevoir naturellement la réalité. Mais quand le corps ne peut plus énergiser le cerveau pour qu'il continue ses activités habituelles, vient un état d'abandon qui peut aller jusqu'à l'extase.

Marion Woodman qui, après avoir vécu une mort clinique, est devenue en Amérique du Nord la Grande Dame de la psychologie jungienne, ne nous dit-elle pas : « Je peux mourir demain, mais je vais mourir guérie. »

Conclusion

Les Images intérieures nous accompagnent pendant toute notre vie comme les abeilles entourent la ruche. Nous avons décrit dans cet ouvrage comment elles se manifestent, de quelle façon nous pouvons les contacter, de quelle manière elles influencent nos destinées individuelles. La liste d'exemples que nous pouvions donner concernant leur utilité et leur subtilité est nécessairement limitée. Les Images touchent toutes les dimensions importantes de nos vies : la créativité, la culture, la spiritualité, les dangers et les espoirs de notre civilisation... Écouter attentivement leur « message » nous permet de faire de notre monde intérieur – l'Inconscient – un allié pour la vie.

Pour terminer ce livre de partage, nous aimerions vous présenter une dernière image, peut-être la plus importante parmi toutes. Nous pourrions l'introduire par le fameux mantra tibétain : *Om mane padme hum*. En français, ces mots veulent dire, à peu près : « le joyau au cœur du lotus ». Selon les explications de Jung et de Campbell, cela signifie que « le plus élevé se trouve dans le plus humble », c'est-à-dire que nous pouvons réaliser les plus ambitieux de nos objectifs même à travers ce qui est notre lot dans notre vie quotidienne.

Au cours d'une rencontre, une dame qui a entendu cette explication nous a raconté un de ses rêves. Dans celui-ci, elle se voyait en train d'éplucher des pommes de terre pour la préparation du repas familial. En coupant ces tubercules en deux, elle s'est rendu compte avec étonnement et émerveillement qu'au cœur de chaque patate, il y avait une perle. Pour elle, les pommes de terre étaient une nourriture qu'elle pouvait se permettre de préparer quotidiennement. La perle est, elle, symbole de totalité féminine, ainsi que de totalité cosmique. – Comme le dit un maître zen : « Le monde entier est une perle brillante ». – Nous permettre de retrouver cette totalité cosmique, cette conscience extatique, à travers notre quotidien, nos névroses, nos maladies même, c'est, apparemment, l'objectif principal de nos Images intérieures.

Gerhard Adler, analyste et auteur jungien britannique, nous dit :

> « Peut-être assistons-nous aujourd'hui à une course du destin entre les forces de destruction symbolisées par la bombe à hydrogène et les pouvoirs constructifs de la psyché, qui sont en grande partie encore latents et demandent à être éveillés[1]. »

Révéler la potentialité des images de cette psyché porteuse d'espoir est ce que nous proposons dans ce livre. – Pour qui ? – Nous laissons la réponse à Saint-Exupéry : « Chaque sentinelle est responsable de tout l'empire. »

---

1. Gerhard Adler, *C.G. Jung et la voie des profondeurs*, éd. La Fontaine de Pierre.

Annexes

Les trente principes de l'interprétation des rêves

1. « Aimer le rêve ! Il n'y a pas de rêves stupides, il n'y a que des gens insensés qui ne comprennent pas leurs rêves… En interprétant le rêve, on décuple son pouvoir de guérison. »

2. Garder près de son lit crayon, papier ou magnétophone. Écrire le rêve dans ses grandes lignes au cours de la nuit, puis le transcrire avec tous les détails dans son journal de rêves le matin.

3. Compléter la description du rêve par des dessins ou des peintures représentant les moments importants, ou bien résumer l'ensemble du rêve dans une seule œuvre visuelle.

4. S'accorder une période de temps calme et suffisamment longue pour interpréter le rêve.

5. Scruter la structure dynamique du rêve, délimiter le plus clairement possible les séquences qui le composent.

6. Constater les sentiments, les émotions et les sensations que le rêve a suscités.

7. Inventorier les lieux, les personnages, les objets et les autres symboles importants du rêve.

8. Noter les associations qui émergent par rapport à ces symboles : que représente pour moi tel endroit, tel personnage, tel animal, tel objet, etc. ?

9. Explorer les amplifications des principaux symboles. Celles-ci peuvent être reliées au langage populaire, à une œuvre poétique, à la mythologie ou la religion, etc. Par exemple : le personnage d'Ariane, la ville de Rome, le svastika, etc.

10. Chercher dans le rêve des éléments de compensation. La plupart des rêves viennent en effet compenser une attitude psychique trop rigide. Un exemple de Goethe : « Je me suis endormi profondément triste. J'ai eu un rêve charmant. Je me suis réveillé frais et dispos. »

11. Chercher des éléments d'information : « Le rêve ne nous dit jamais ce que nous savons déjà. »

12. Chercher des éléments de révélation, c'est-à-dire si le rêve ne contient pas des renseignements qui vont au-delà de notre connaissance. Par exemple : ce rêve serait-il prémonitoire, télépathique, etc. ? Les rêves peuvent nous dicter les éléments d'un roman, une découverte qui nous vaudra le prix Nobel ou inspirer à notre esprit toute autre création.

13. Noter ce qui relève de notre monde personnel : dans la grande majorité des rêves, tous les éléments s'y rattachent. Tels des personnages qui évoluent sur une scène de théâtre, ils symbolisent les dimensions complexes de nos réalités consciente et inconsciente.

14. Essayer de déterminer s'il faut interpréter les personnages de nos rêves dans un sens subjectif ou objectif. Si, par exemple, je rêve de mon frère, et que ce rêve le concerne effectivement – lui ou ma relation avec lui –, l'interprétation est objective. Si, par contre, les traits de caractère de mon frère représentent en réalité une partie spécifique de moi-même, l'interprétation sera subjective. Quand on n'est pas certain de la façon dont il faut aborder un rêve, il est préférable d'en faire deux interprétations parallèles : une objective et une subjective.

15. Passer en revue les événements de la journée qui précède le rêve, aussi bien que les questionnements qui nous préoccupent ces derniers temps : le rêve est presque toujours relié à notre vécu. « Les événements de la veille inspirent le rêve mais ne le déterminent pas. » Par exemple, ce n'est pas parce que j'ai vu un film de monstres que je vais avoir un mauvais rêve ; c'est plutôt parce que ces images de monstres ont quelque chose à me transmettre par rapport à mon monde intérieur, mes « monstres à moi ».

16. Tenir compte de la réduction phonétique, des jeux de mots que les rêves utilisent pour transmettre des concepts complexes. Par

exemple, à la fin d'un rêve, le rêveur déclare : « ... et là je suis parti aux États-Unis ». Cela veut dire à peu près que le rêveur retrouve un état d'harmonisation intérieure.

17. Prendre en considération le dicton *« pars pro toto »* – que le rêve est métonymique. Cela veut dire qu'au sens symbolique, la partie fait allusion à l'ensemble. Par exemple, une feuille peut représenter l'arbre, une plume d'oiseau, l'oiseau entier, etc.

18. Se souvenir que tout ce qui nous court après dans les rêves veut faire partie de nous. Que ce soit un personnage ou un tigre, il s'agit, presque toujours, d'une partie symbolisée de nous-même qui veut se manifester, prendre sa place dans notre vie.

19. Ne pas céder à la réaction de l'intellect qui dénigre le rêve ou qui prétend l'avoir immédiatement compris. Un rêve mal interprété peut faire beaucoup de tort : il est préférable d'avouer que l'on ne l'a pas bien compris. Le risque est grand de manipuler le message pour qu'il corresponde à nos idées préconçues. En plus, toute interprétation est une forme de projection – mieux vaut en être conscient. Le débutant doit être particulièrement méfiant car il y est particulièrement exposé. Par ailleurs, une bonne interprétation suscite une vague de contentement, une sorte d'approbation intuitive.

20. Savoir que, même si l'interprétation des rêves est généralement difficile, « si on tourne autour pendant un certain temps, le rêve finira par révéler une certaine partie de son message ». Par ailleurs, « le rêve est toujours, en lui-même, sa meilleure interprétation ». Donc, toute tentative d'analyse ne pourrait dévoiler qu'un certain fragment du contenu total.

21. Tenir compte du fait qu'il est plus difficile d'interpréter ses propres rêves : c'est comme si le message était écrit sur notre dos.

22. Être attentif à un rêve qui se répète : c'est que son message n'a pas été entendu ou compris. Ces rêves sont souvent inquiétants. Il ne faut pas en avoir peur ! Les cauchemars tant redoutés sont parmi les rêves les plus utiles.

23. Prendre tout son temps pour trouver la bonne signification du symbole dans le contexte d'un rêve donné. Les symboles sont multidimensionnels, et il est possible de les interpréter de bien des façons différentes et quelquefois contradictoires. Ils changent de

personne en personne, mais aussi de rêve en rêve. Un chien, par exemple, peut symboliser l'agressivité, le flair, la fidélité, le guide intérieur, etc.

24. S'appuyer cependant sur certains types de symboles qui recouvrent un sens général. Par exemple, la maison se rapporte le plus souvent à la structure psychique du rêveur. La voiture représente le moyen de cheminer dans la vie. Les différents animaux renvoient aux aspects divers de la vie instinctive. L'argent symbolise l'énergie psychique. La mer, la terre, la forêt, la nuit se réfèrent aux diverses facettes de l'Inconscient.

25. Se procurer, si l'on veut travailler sérieusement sur les rêves, un dictionnaire de symbologie approprié. Parmi les meilleurs ouvrages actuellement disponibles en français, je recommande : *Dictionnaire des symboles* de Jean Chevalier et Alain Gheerbrant (Robert Laffont, 1997), et *La Symbologie des rêves* par Jacques de La Rocheterie (Imago, 1988).

26. S'efforcer, une fois qu'on a réussi à interpréter les différentes facettes d'un rêve, d'en résumer l'interprétation, si possible en une phrase pour que le/la rêveur(se) puisse comprendre le message du rêve le plus clairement possible.

27. Se fier à son intuition. « Si, en interprétant un rêve, l'Inconscient ne me donne pas un indice, je suis perdue. Dieu merci, l'Inconscient est intéressé à ce que le rêve soit compris. »

28. Chercher où va l'énergie du rêve, l'énergie du symbole. Cela aide à trouver l'association appropriée, la compréhension juste. Les rêves ont pour but de nous réveiller, de nous réorienter. Ils insistent pour que nous nous occupions des blocages, des conflits qui résident dans les profondeurs de notre âme. Ils nous poussent à prendre conscience de nos réalités intérieures : ils veulent que nous réalisions nos potentialités latentes.

29. Ritualiser le rêve, en faire, une fois qu'il a été interprété et compris, quelque chose de concret pour en tirer le maximum de bénéfice et pour que l'Inconscient soit averti : le rêve a été reçu, merci, il va être intégré, utilisé. Le rituel implique une action concrète, avec le corps, et non seulement avec la pensée. Si le temps ou l'inspiration manque, on peut allumer une chandelle ou faire le

tour du quartier. Le rituel doit toujours être imaginé par le rêveur, par la rêveuse. Il doit venir de la même source que le rêve, de l'Inconscient. Par exemple, un rêve avait révélé à une femme qu'elle était inconsciemment toujours amoureuse d'un ancien amant, et que ce sentiment pouvait être la source de la tension constante qui régnait dans son ménage. En guise de rituel, cette femme s'est rendue au sommet d'une montagne et a brûlé les plus belles photos de son amant d'autrefois. Bien sûr, il y a autant de rituels possibles qu'il y a de rêves.

30. Se souvenir qu'on ne peut devenir un expert en quelques mois. On peut cependant progresser en profitant de toutes les occasions pour interpréter des rêves, en lisant des ouvrages sérieux sur le sujet, et en se faisant confiance, à soi et surtout à son inconscient.

Toutes les idées exprimées entre guillemets dans cette section font partie de mon enseignement depuis vingt ans, et elles sont directement inspirées de la pensée de Jung telle que véhiculée par Marie-Louise von Franz.

Les bases du yoga psychologique

La motivation

Un engagement éclairé est un ingrédient essentiel de l'alchimie transformative. Il importe qu'elle soit ancrée dans une véritable inspiration et le désir de vivre une existence riche et joyeuse. Quoique l'on soit souvent conduit sur le chemin intérieur par les difficultés de la vie, il est bon de se rappeler que la disparition des symptômes n'est pas un but en soi. Se représenter le but, clarifier notre motivation et notre intention est le premier pas qui permet des progrès durables.

La lecture

Lire les textes fondamentaux qui nous ont été légués par les maîtres du passé aussi bien que ceux des contemporains qui ont cristallisé ces enseignements et nous les restituent dans un contexte adapté, est une étape importante dans la compréhension du processus.

Je recommande particulièrement l'étude des principales œuvres de Carl G. Jung, Joseph Campbell, Marie-Louise von Franz, Edward Edinger, Robert Johnson, Patanjali, Ramana Maharshi, Shankara, Sri Aurobindo, D.T. Suzuki, Lao Tseu, Tchoug Tseu, etc.

L'exploration du travail analytique

Cette initiation ne saurait demeurer théorique. On peut la mettre en pratique en fréquentant des conférences, un cercle jungien, en consultant un thérapeute ou un analyste jungien compétent. Il s'agit alors de rencontrer son monde intérieur et d'apprendre par la pratique les rudiments de l'interprétation des rêves et de l'imagination active.

La tenue d'un journal

Tenir un journal est une façon de dialoguer avec nous-même et de tendre un miroir à l'Inconscient. On y voit se déployer le conflit entre notre âme et notre ego, et souvent des personnages intérieurs y prennent voix. Le journal peut prendre beaucoup de formes. Outre l'écriture des émotions et des rêves, le dessin, l'utilisation des couleurs, les techniques de dialogue et l'écriture automatique, etc., participent du « journal créatif ».

Le langage des symboles

C'est ce que j'appelle la « langue maternelle de l'âme » : c'est un « langage oublié » par la plupart et qui pourtant offre la plus grande richesse de sens. La compréhension des symboles qui nous viennent dans les rêves ou à travers les coïncidences significatives aide à tirer parti des messages que nous prodigue le monde intérieur.

L'interprétation des rêves

Porter attention à ses rêves et les interpréter du mieux que l'on peut est un des meilleurs moyens de se connaître soi-même et de bénéficier de la sagesse de l'âme. Le travail autour du rêve ne se limite pas à l'interprétation (voir la première partie des annexes).

Les travaux de Carl G. Jung, Marie-Louise von Franz, Ania Teilhard, Laurent Lachance, Ernest Aeppli, Robert Johnson constituent d'excellents guides dans ce domaine.

Les rituels et les rites de passage

L'image et le geste symboliques sont les bases de la communication avec l'Inconscient. La compréhension d'un rêve important devrait toujours s'accompagner d'un rituel signifiant qui exprime notre bonne réception du message et notre intention d'en tenir compte. Les « rites d'incubation » permettent d'interroger directement l'Inconscient et de se rendre réceptif à ses réponses.

Les signes de jour

Complémentaires des rêves ou « signes de nuit », les synchronicités sont des événements qui tiennent de la coïncidence signifiante entre un état intérieur et la réalité extérieure. Tout est signe, tout est symbole. L'attention aux événements significatifs fournit une orientation face aux difficultés du quotidien.

La créativité

Toutes les formes d'expression artistique et créative permettent d'exprimer les messages du monde intérieur. C'est une façon de lui donner forme et corps, de l'incarner. L'important ici n'est pas dans la qualité esthétique mais dans l'authenticité de l'expression. Une seconde étape, facultative, consiste à revenir sur la création artistique par l'analyse symbolique.

Les séances d'auto-analyse

Une fois initié aux bases du travail psychologique, chacun peut bénéficier des rencontres avec soi-même, comme si un thérapeute était présent. C'est un excellent moyen de faire le point sur l'état de nos relations avec les archétypes de transformation : l'Ombre, l'Anima et l'Animus, et de tirer des enseignements significatifs des difficultés rencontrées.

Le dialogue intérieur

L'imagination active est une très ancienne pratique redécouverte par Jung. Elle permet de dialoguer avec l'Inconscient et de rester en contact avec nos guides intérieurs. Une initiation au travers de quelques séances supervisées par un thérapeute expérimenté est recommandée avant d'engager ce dialogue intérieur qui, une fois apprivoisé, peut rester avec nous pour toute notre vie.

Les arts divinatoires

Le Yi-king, le tarot et l'astrologie occidentale reposent sur des systèmes symboliques hérités de la gnose et de l'alchimie et méritent une étude approfondie. Leur usage peut compléter l'interprétation des rêves et favorise le développement de l'intuition. La médiumnité présente un intérêt certain pour dialoguer avec nos guides intérieurs à condition que l'on sache distinguer cette « transe consciente » d'une possession pure et simple.

Une discipline de lecture

Face à l'influence du monde extérieur, il nous faut garder vivantes les idées qui nous aident à être nous-mêmes. La lecture quotidienne, ne fût-ce que quelques pages, des ouvrages importants, peut nous aider en ce sens.

L'échange avec des âmes sœurs

« On ne peut s'individuer tout seul au sommet du mont Everest » (Jung). C'est dans les relations que nous rencontrons souvent les défis qui nous font le plus évoluer et c'est aussi l'occasion de prendre conscience de nos projections et de nos systèmes de défense. Il est salutaire de garder un contact étroit avec quelques personnes qui, regardant dans la même direction que nous et poursuivant une recherche similaire, offrent un support à notre démarche.

La libération du cœur

Le cœur demande aujourd'hui des relations d'amour qui respectent « l'être profond » de nos partenaires. On peut apprendre le détachement même dans l'extase partagée. Il nous faut accéder à une sexualité naturelle et personnelle tout en restant responsable envers les autres. On ne se guérit pas, on ne devient pas individué (voir chapitre 15) en écrasant ses instincts et ses besoins jouissifs.

La communion avec la Nature

Une des sources principales de la santé physique et mentale est le contact avec la Nature. Passer du temps à la campagne, contempler les montagnes, les lacs, communiquer avec les arbres, les fleurs et les animaux nous donne de l'énergie, nous purifie, nous relie à la source de notre être.

La relaxation

La détente du corps et de l'esprit est nécessaire à un bon équilibre psychique. Elle favorise l'entrée dans l'imagination et l'état de rêve en renouvelant notre énergie. Même une journée stressante peut nous donner des occasions multiples pour pratiquer et favoriser ainsi son bien-être.

L'art du souffle

Le pranayama est une des branches majeures du yoga consacrée à l'art de respirer. Dans toutes les traditions, l'art du souffle est reconnu comme un support indispensable dans l'exploration des profondeurs de l'Inconscient. Apprenez les techniques de base du pranayama et donnez-vous régulièrement du temps pour le pratiquer et l'approfondir.

La voie classique de la méditation

La méditation est une clef pour accéder à notre monde intérieur. Il existe de nombreuses méthodes parmi lesquelles on peut choisir celle qui nous convient le mieux. Encore une fois, la régularité est le facteur déterminant pour en tirer un véritable bénéfice.

Le régime alimentaire

Notre corps est le véhicule de notre âme, et la nourriture est sa source d'énergie, et souvent la clé d'une saine vitalité : « Vous êtes ce que vous mangez. » Outre un régime alimentaire sain, des périodes de jeûne modéré peuvent faciliter la désintoxication de l'organisme.

L'exercice corporel

Yoga, tai-chi, judo et autres arts martiaux, anti-gymnastique, natation, etc., toute forme d'exercice, qu'il soit physique ou énergétique, favorise l'enracinement dans le corps et le monde concret. À chacun de trouver celui qui lui convient, c'est-à-dire qui le ramène au plaisir de vivre dans son corps et dans son esprit.

La création de mandalas

Un mandala peut s'expliquer comme un itinéraire géographique qui conduit à l'illumination. La « magie » tient au fait que, dès lors que nous commençons à dessiner ou à peindre un cercle ou un carré, nous entrons en contact avec le Soi. Cet exercice est particulièrement recommandé dans les périodes de crise existentielle car il permet de retrouver un état d'équilibre et d'acceptation de ce qui advient.

Les mantras et les yantras

Créer des mantras (affirmations verbales) et des yantras (affirmations visuelles) et les répéter avec régularité peut préciser et consolider nos objectifs personnels. Par exemple, le fameux « *Om mane padme hum* » (« Le joyau est dans le lotus ») nous rappelle que « le plus élevé se trouve dans le plus humble », c'est-à-dire que la simplicité du quotidien nous ouvre la porte vers la transcendance. Mais les affirmations individuelles peuvent quelquefois avoir plus d'impact.

Bibliographie

AVALON Arthur, *La Puissance du serpent*, Dervy-Livres, 1950.

BUCKE Richard Maurice, *La Conscience cosmique*, éditions du Troisième Millénaire, 1989.

CAMPBELL Joseph, *The Mythic Image*, Princeton University Press, 1981.

CAMPBELL Joseph, MOYERS Bill, *La Puissance du mythe*, J'ai lu, 1991.

CAMPBELL Joseph, *Les héros sont éternels*, Seghers, 1987.

CANAULT Nina, *Comment le désir de naître vient au fœtus*, Desclée de Brouwer, 1999.

CAYROL Alain, DE SAINT-PAUL Josiane, *Derrière la magie – la Programmation neuro-linguistique* (PNL), Inter-Éditions, 2002.

COMBS Allan et HOLLAND Mark, *Synchronicity : Through the Eyes of Science, Myth and the Trickster*, Marlowe and Company, 1996.

DELORT Vilnet Marie, *La Fasciathérapie*, Bernet Danilo, 1996.

DOLTO Françoise, *L'Image inconsciente du corps*, éditions du Seuil, 1984.

DOLTO Françoise, *La Cause des enfants*, Robert Laffont, 1988.

DOLTO Françoise, *La Difficulté de vivre*, Gallimard, 1995.

DOLTO Françoise, *Le Sentiment de soi – Aux sources de l'image du corps*, Gallimard, 1997.

DOLTO Françoise, *Tout est langage*, Gallimard, 2002.

EDINGER Edward, *La Création de la conscience*, Seveyrat, 1989.

EDINGER Edward, *Transformation of the God-Image*, Inner City Books, 1992.

EDINGER Edward, *The New God-Image*, Chiron Publications, 1996.

VON FRANZ Marie-Louise, *The Way of the Dreams*, Windrose Publications, 1998.

FREUD Sigmund, *L'Interprétation des rêves*, Presses Universitaires de France, 1993.

GRIMM, Jacob et Wilhelm, *Contes et légendes*, éditions de la Fontaine du Roy, 1994.

GUENTHER Herbert V., *The Life and Teachings of Naropa*, éditions Shambhala, 1995.

HANNAH Barbara, *Rencontres avec l'âme*, éditions Jacqueline Renard, 1998.

How to Know God : The Yoga Aphorisms of Patanjali, Mentor, 1969.

JANOV Arthur, *Le corps se souvient*, éditions du Rocher, 1997.

JANOV Arthur, *La Biologie de l'amour*, éditions du Rocher, 2001.

JOHNSON Robert A., *Inner Work*, Harper & Collins Publishers, 1986.

JUNG Carl Gustav, *L'Homme à la découverte de son âme*, Albin Michel, 1984.

JUNG Carl Gustav, *Dialectique du Moi et de l'inconscient*, Gallimard, 1986.

JUNG Carl Gustav, *Commentaire sur le mystère de la fleur d'or*, Albin Michel, 1998.

JUNG Carl Gustav, *Ma vie*, Gallimard, 1991.

JUNG Carl Gustav, *L'Homme et ses symboles*, Robert Laffont, 1992.

JUNG Carl Gustav, *Psychologie et orientalisme*, Albin Michel, 1998.

JUNG Carl Gustav, *Les Racines de la conscience*, Buchet/Chastel, 1994.

JUNG Carl Gustav, *Synchronicity, an Acausal Connecting Principle*, 1969, in G. ADLER, M. FORDHAM, W. MCGUIRE, & H. READ (eds.), *Collected Works of C. G. Jung*, vol. 8, *The Structure and Dynamics of the Psyche*.

LABONTÉ Marie Lise, *Au cœur de notre corps*, éditions de l'Homme, 2000.

LABONTÉ Marie Lise, *Se guérir autrement, c'est possible*, éditions de l'Homme, 2001.

LABONTÉ Marie Lise, *Le Déclic*, éditions de l'Homme, 2003.

LABONTÉ Marie Lise, *Mouvements d'éveil corporel*, éditions de l'Homme, 2004.

LACHANCE Laurent, *Les rêves ne mentent pas*, Robert Laffont, 1983.

LAPLANCHE Jean et PONTALIS Jean-Baptiste, *Vocabulaire de la psychanalyse*, Presses Universitaires de France, 1984.

LOWEN Alexander, *Le Corps bafoué*, éditions France-Amérique et Tchou, Le Corps à vivre, 1976.

LOWEN Alexander, *Le Plaisir*, éditions France-Amérique et Tchou, Le Corps à vivre, 1976.

MAC LEAN P. D., *Les Trois Cerveaux de l'homme,* Robert Laffont, 1990.

ODOUL Michel, *Dis-moi où tu as mal, je te dirai pourquoi*, Albin Michel, 2002.

REICH Willhem, *L'Analyse caractérielle*, Payot, 1971.

PERROT Étienne, SAINT RENÉ TAILLANDIER Francine, *C.G Jung et la voie des profondeurs*, éditions La Fontaine de Pierre, 1980.

SIMONTON Carl, MATTHEWS SIMONTON Stephanie, CREIGHTON James, *Guérir envers et contre tout*, Desclée de Brouwer, 2002.

TOMATIS Alfred, *L'Oreille et la vie*, Robert Laffont, 1977.

VELDMAN Franz, *Haptonomie, science de l'affectivité*, Presses Universitaires de France, 1989.

WILHELM Hellmut, *Change. Eight Lectures on the I Ching,* Harper, Torchbooks, 1960.

Remerciements

Les auteurs remercient bien chaleureusement pour leur précieuse collaboration Jean Gagliardi, Sylvie Mainville, Giselle Nyiri et Marie-Paule Rochelois.

Table des matières

Deuxième partie
LE VOYAGE INTÉRIEUR
LA MÉTHODE

Troisième partie
L'UNIVERS DE L'INCONSCIENT

Quatrième partie
L'UTILITÉ DE LA MÉTHODE

Annexes

Édition exclusivement réservée aux adhérents du Club
Le Grand Livre du Mois
15, rue des Sablons
75116 Paris
réalisée avec l'autorisation des éditions Albin Michel

Direction éditoriale : Laure Paoli

Composition : I.G.S.-CP
Impression : Imprimerie Floch, mars 2006

ISBN : 2-286-02284-4
N° d'impression : 65352-1.
Dépôt légal : avril 2006.
Imprimé en France.